はじめに

2011 年 3 月に発生した東北地方太平洋沖地震において、免震建築物はその効果を十分に発揮し、建物の主要構造体及び天井部材等の建築仕上材の損傷は皆無であった（少なくとも当協会の調査範囲内では報告なし）が、免震エキスパンションジョイント（以下、「免震 Exp.J」と表記する）の損傷が多数発生した。地震後に日本免震構造協会に設けられた応答建築物調査委員会で行われた調査では、調査建物の約 30%において免震 Exp.J の一部に損傷が生じており、震度の大きかった東北地方だけでなく、免震層の変位が小さかった関東近辺の震度 4 以下の地域でも、多くの免震 Exp.J の損傷が確認された。

応答建築物調査委員会では免震構造設計部会のもとに免震エキスパンション WG を設け、損傷原因の把握および要因分析を行い、2012 年 1 月に報告書としてまとめた。それによると、免震 Exp.J の損傷には、製品自体の機能上の問題をはじめ、設置状況の問題、維持管理の問題など様々な要因が存在することが明らかになった。免震 Exp.J は動く製品でありながら、建物に設置した後は可動試験を行うことが困難である。このため、地震により設計者・製作者・施工者が想定していなかったような損傷を生じたものも多いと思われる。免震建築物は大地震時においても建物に大きな損傷がなく、継続使用できることを前提として設計されており、ほとんどの建物では地震時に免震 Exp.J が損傷することは想定していなかった筈である。また、建築主に対しても地震時の損傷に関して説明していなかった場合が多いように思われる。免震 Exp.J の性能はどうあるべきか、その性能を発揮するためには設計・製作・施工においてどのような注意が必要かなどについて、これまであまり議論されていなかったのが実状であろう。

そこで、日本免震構造協会では免震エキスパンションガイドライン作成 WG を設け、免震 Exp.J のガイドラインを作成し、基本的な考え方や目標性能を提示するとともに、設計・製作・施工・維持管理上の留意点をまとめた。本ガイドラインをもとに、設計者・製作者・施工者・建築主が免震 Exp.J の目標性能を共有し、その目標性能や所要の機能を十分に発揮できる免震 Exp.J を実現できること、また本ガイドラインが今後のより優れた免震 Exp.J の改良・実現に資することを期待している。

2013 年 4 月

応答制御建築物調査委員会
委員長　深澤　義和
免震エキスパンションガイドライン作成 WG
主査　北村　佳久

免震エキスパンションジョイントガイドライン

― 目　次 ―

第１章 総則

1.1 適用範囲

本ガイドラインは、免震建築物のエキスパンションジョイントの設計・製作・施工・維持管理について適用する。

免震建築物と地盤との間、免震層の上下の構造体間、あるいは免震建築物と隣接建築物間などには、地震時に非常に大きな相対水平変位が発生する。その大きな相対変位に対して床・壁・天井など建築物各部の機能を保持するためには、その変位に追随・吸収できるエキスパンションジョイントが必要になる。また中間階免震の建築物では、免震層を貫通してエレベーターや階段室などの縦動線を吊り下げる場合が多く、この場合も吊り下げられた部分と免震層下側の非免震部分（下部構造体）との連結部分には大きな相対変位が生じるためエキスパンションジョイントが必要になる。

免震建築物は大地震時においても建物に大きな損傷がなく、継続使用できることを前提として設計されている。建物に損傷がなくても、エキスパンションジョイントに大きな損傷が生じれば建物の機能を損なうことになりかねない。免震構造ではない建築物でも隣棟間の動きの違いを吸収するためにエキスパンションジョイントが設けられるが、大地震時にはエキスパンションジョイントの損傷を許容する場合も多く、免震建築物のエキスパンションジョイントにはより高度な機能・性能が求められると考えられる。本ガイドラインは免震建築物に設けられたエキスパンションジョイントや免震建築物と非免震建築物の間に設けられたエキスパンションジョイントのみを対象とし、それを一般のエキスパンションジョイントと区別するために、「免震エキスパンションジョイント」（以下、免震Exp.J）と呼ぶこととした。また、このガイドラインで対象としているのは金物やPC版などで免震クリアランス部分を塞ぐように設置された製品であり、免震建築物の外周部によく設けられる跳ね出しスラブ（犬走り）のように取外しの出来ないものは対象外としている。

本ガイドラインは、免震建築物の設計者（意匠設計者、構造設計者、設備設計者）、免震 Exp.J の製作者（以下、製作者）および建物施工者（以下、施工者）を対象として作成したものであり、適用範囲は新築建物のみでなく、免震改修される既存建物も含まれる。また、本ガイドラインは免震 Exp.J 製作・販売メーカーの製品を使う場合を前提に書いており、製作者というのは免震 Exp.J 製作メーカーを意味する。設計者が自ら免震 Exp.J を考案・設計し、施工者により製作する場合にも本ガイドラインを用いることは出来るが、その場合には設計者や施工者が製作者となる。

1.2 基本的な考え方

設計者・製作者・施工者は、建築主の満足を得られる免震建築物の実現に努める。免震エキスパンションジョイントに関しては、本ガイドラインの考え方を参考とする。

本ガイドラインにおける、免震 Exp.J に関する基本的な考え方を以下に示す。

免震建築物では、免震部と非免震部の間に大きな相対水平変位が生じる。その相対変位を吸収する部分が免震 Exp.J であるが、免震 Exp.J に求められる重要な性能は、**「地震時の強制変位に損傷せず追随し、地震後もその部位の機能を保持できること」**と、**「地震時の作動中に Exp.J 周辺にいる人に危害を与えない」**という２点である。

免震建築物は大地震時においても大きな損傷がなく、無補修で継続使用できることが期待されている建物であるため、基本的には免震 Exp.J にも地震時に大きな損傷が生じないことが求められる。地震時に損傷するということは、建築主に経済的損失を与えるだけでなく、建物機能の喪失や地震時の避難の妨げにもなる可能性がある。従って、人の立ち入りがない場所で建築主の了解が得られている場合を除き、大きな損傷があってはならない。但し、地震時の軽微な損傷は、使用場所や使用状況によってある程度許容されても良いと考えられる。本ガイドラインでは免震 Exp.J の性能指標を設定し、建築主との合意のもとで設計者が設置場所ごとに必要とされる免震 Exp.J の性能指標を示すことにした。但し、地震時に免震 Exp.J に作用する動きは複雑であり、設置条件が試験時のものとやや異なる場合もあるため、性能指標を表示した製品が、実際に地震を受けたときに目標性能通りの性能を完全に発揮できるかは必ずしも保証できるものではない。しかしながら、事前に十分な確認実験を行い、性能を確認した製品であれば、目標性能通りの性能を発揮できる可能性が高いと考えられることから、行った試験により性能指標の分類を行うことにした。

本ガイドラインでは免震 Exp.J だけでなく、取付部やその周辺部についても対象としている。免震 Exp.J が無損傷でも建物が損傷しては意味がない。構造躯体の損傷は建物に与える影響が大きく、補修も容易ではないため、免震 Exp.J が強固過ぎて建物を損傷させるようなことがあってはならない。また、たとえ免震 Exp.J が損傷しても人に危害をあたえないように配慮する必要がある。

地震時に免震建築物が大きく変位したときに、免震 Exp.J は大きく移動したり、変形したりすることにより、その相対変位を吸収するが、その周辺にいる人に危害を与える危険性がともなう。平成 12 年建告第 2009 号（平成 16 年改正）では耐久性関係規定として「免震建築物の周囲に安全上支障のある空隙を生じさせないものとすること。」と記載されており、地震時に免震 Exp.J の床に開口があいて、人が落下したり挟まれたりしてはいけないとされている。このように、人が落下したり挟まれたりしないようにすることは当然であるが、それ以外にも人に危害を与える可能性は非常に多くある。たとえば、床の免震 Exp.J を常時フラットに仕上げようとすると、地震時には免震 Exp.J のパネルがせり上がったりするため、その部分に人が立っていた場合には足を怪我したり、転倒する可能性がある。フラットでなく段差を設けてある場合でも、地震時に足を払われて転倒する可能性がある。また、壁についても、地震時にパネルが飛び出してきて人に衝突する可能性がある。免震 Exp.J は地震時に大きく動くものであり、完全に安全性を確保することは困難かもしれないが、機構によって安全性の高いものとやや低いものがでることはやむを得ない。免震 Exp.J の損傷の可能性や安全性に関しては、見栄えと相反するところも多い。床の免震 Exp.J でもっとも損傷の可能性が小さいものは、金物を用いないコンクリートスラブで段差をつける犬走りタイプであるが、バリアフリーの観点から問題がある場合や意匠的に好まれない場合もある。また、意匠的にはできるだけ免震 Exp.J は目立たないようにすることが望まれ、仕上面をフラットにしたいという設計者が少なくない。フラットに仕上げる機構でも安全性の高いものもあるが、一般的にはフラットに仕上げようとすると機構は複雑になり、地震時に損傷の可能性が高まるとともに、せり上がってくるため危険性が増す。同様に壁面でも、フラットに仕上げるには地震時損傷の可能性が高まるとともに、跳び出してくることによる危険性もある。

設計者は見栄えを重視するあまりに、安全性や信頼性が損なわれない配慮が必要である。たとえば、建物外周部は基本的には犬走りタイプとし、出入口のみフラットに仕上げるなどの配慮が望まれる。

免震 Exp.J は地震時に動くものであるから完全に人への危害を完全に排除することは難しいので、できるだけ免震 Exp.J の箇所や範囲を少なくするように計画するとともに、建物使用者や通行人に地震時に動く可能性があることが理解され、その範囲内にはできるだけ近づかず、速やかに通過してもらえるような配慮が必要である。

免震 Exp.J の耐久性は機構や材質により異なると思われるが、一般的には 10～20 年程度と考えられる。定期点検などの維持管理を十分に行い、劣化が著しい場合には取替る必要がある。長期修繕計画を策定する際には、建物竣工時に渡される建物取扱説明書に示される耐用年数をもとに、免震 Exp.J の交換費用を考慮することが望ましい。

適切なエキスパンションジョイントの実現のためには、建築主、設計者、製作者、施工者の綿密な連携が重要である。特に、構造設計者は免震建物の地震時の挙動や安全性に関して大きな役割を担っており、建設時のリーダー（プロジェクトマネージャー）や維持管理時のリーダー（建物管理者）は、構造設計者の指示、確認のもとで適切なエキスパンションジョイントの設置、維持管理に努めて欲しい。

1.3 免震 Exp. J の設計・製作・施工のフロー

設計・施工の各段階において、設計者・製作者・施工者は綿密に連携し、建物に最適な免震 Exp.J を建築主に提供する。

免震 Exp.J の設計段階のフローを図 1.3.1 に、施工段階のフローを図 1.3.2 に示す。これらのフローに従い、設計者・製作者・施工者は綿密に連携し、建物に最適な免震 Exp.J を建築主に提供する。

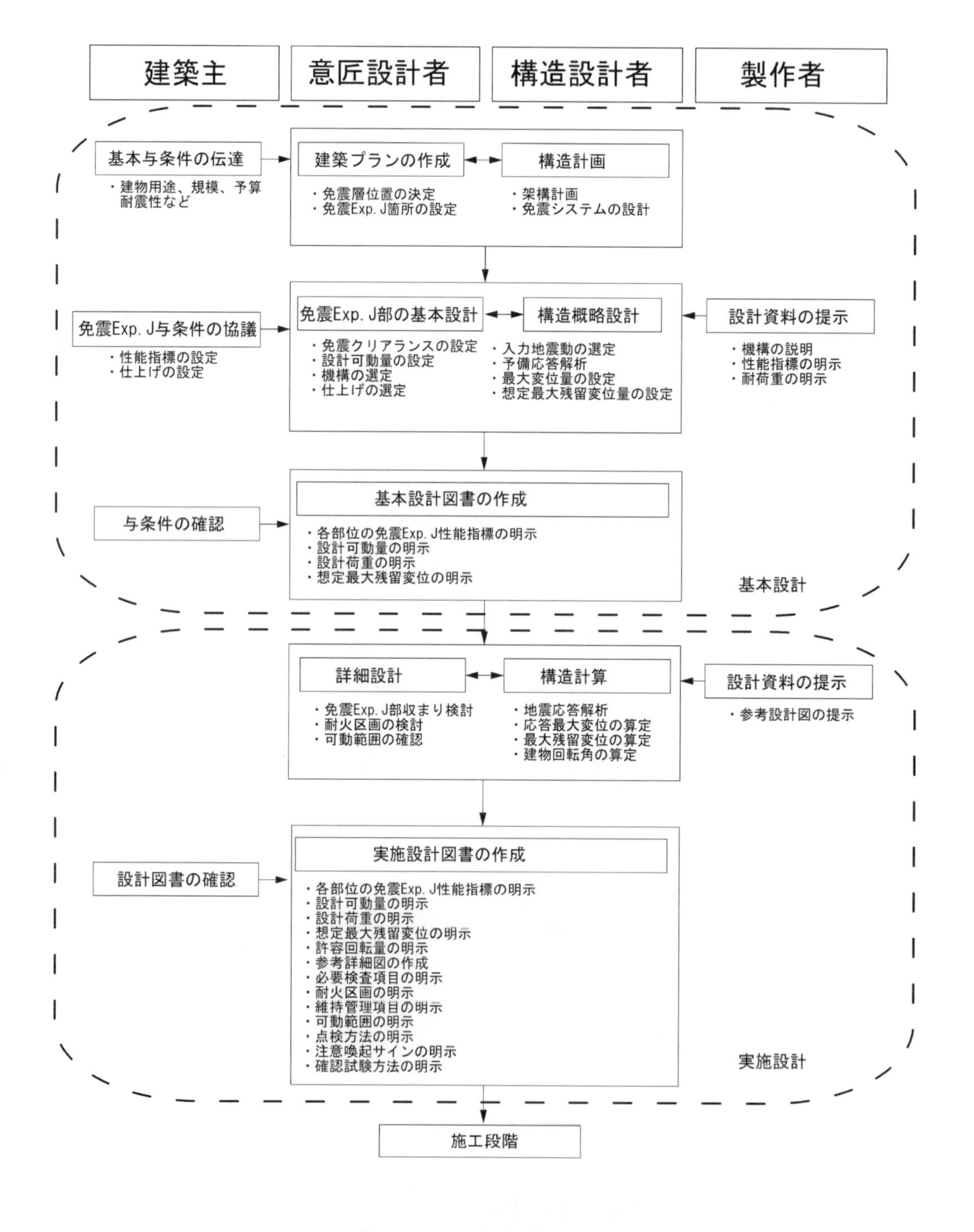

図 1.3.1 設計段階のフロー

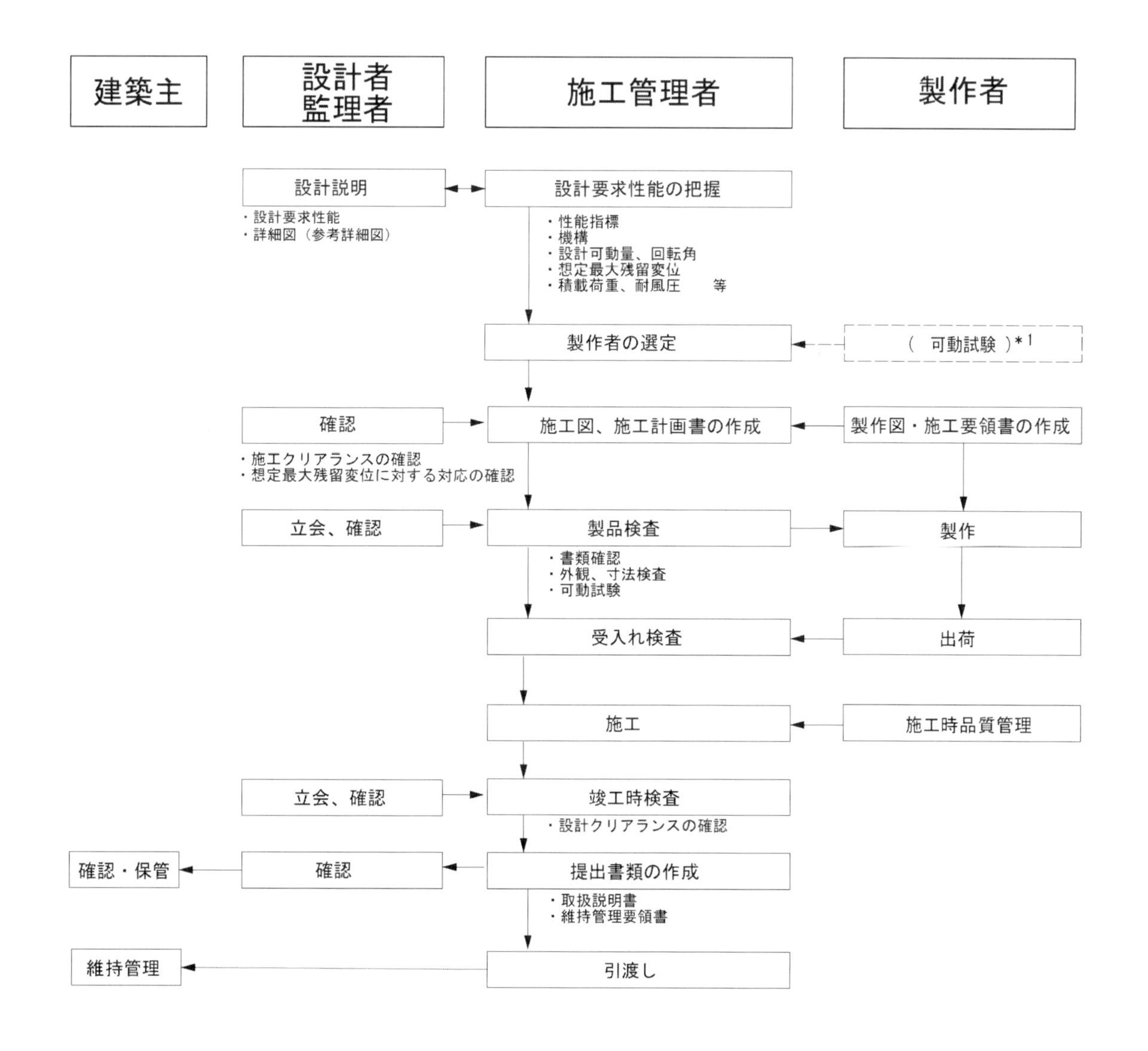

図 1.3.2 施工段階のフロー

*1) 製作者選定時に可動試験を行う場合もある

免震 Exp.J は複雑な機構のものが多く、設計時に製作者を決定し、綿密な打合せを行った上で設計図書を作成することが望ましいが、設計時に製作者を確定できない場合も多い。このため、本ガイドラインでは設計図書に記載されるものは参考詳細図という表現に留めているが、設計者は設計図書に目標性能のみを記載するのではなく、十分な検討を行った上で目標性能を満足できる製品を選定し、詳細図まで作成する必要がある。

1.4 用語

本ガイドラインで取り扱う用語は以下のように定める。

1）免震エキスパンションジョイント(免震 Exp.J)：

免震建築物において、免震クリアランス部分に設置する部材。免震建築物と地盤面や近接する建築物との連結部、中間階免震の免震層から吊り下げられたエレベーターや階段室などの縦動線下部の非免震部分との連結部分に設け、地震時の相対変位に追従または吸収させる役割を果たす。

2）免震クリアランス：

免震層に生じる地震時の水平変位と鉛直変位に追従または吸収するために水平方向と鉛直方向に設けた隙間のことをいう。中間階免震では免震層から吊り下げられたエレベーターや階段室などの縦動線と非免震部との間にも免震クリアランスが必要となる。

3）設計クリアランス（設計クリアランス寸法）：

設計上最低限必要な免震クリアランスの寸法であり、水平クリアランスに関しては設計者が応答最大変位に対して余裕度を考慮して定めた寸法。鉛直クリアランスに関しては想定クリープ量や地震時の沈み込みなどを考慮して設計者が定めた寸法。

免震 Exp.J 部の設計クリアランス寸法は免震層での設計クリアランス寸法に当該位置の上部建物の変形分も加算される。また、隣棟間の免震 Exp.J では隣接建物の変位も加算されるので注意が必要。

4）施工クリアランス（施工クリアランス寸法）：

施工する際に設定するクリアランス寸法。一般的には、想定される最大の施工誤差が生じても設計クリアランスを確保するように、設計クリアランス寸法に施工誤差などを加算して定められる。建物竣工検査時には、実測されたクリアランス寸法が設計クリアランス寸法以上であることを確認する。

また、免震 Exp.J を設置するにあたっては、取付上の理由などから、施工クリアランスを設計クリアランス以上に大きくとる必要がある場合があり、各免震 Exp.J の機構に応じて適切に施工クリアランス寸法を定める必要がある。

5）設計可動量：

設計者が想定した免震 Exp.J の相対変位量のこと。免震 Exp.J は設計可動量まで要求性能を損なうことがないようにする必要がある。一般的には平面的な全方位の変位に対して考慮するが、場合によっては上下変位や回転などの立体的な全方位の変位に対する配慮も必要となる。設計可動量は設計クリアランス寸法以上とする必要がある。

6）免震部：

図 1.4.1 に示すように免震部材により支持された部分。中間階免震の場合は、免震部から吊り下げられた階段室やエレベーターなどの縦動線も免震部と呼ぶ。

7）非免震部：

図 1.4.1 に示すように地盤部および建物における免震部材（免震層）より下の部分。また、免震建築物に隣接して設けられた非免震建物と免震建築物が渡り廊下等で連結されている場合には、非免震建物を非免震部と呼ぶ。地盤部は地球側という呼び方をする場合もある。

8）免震部材：

免震装置ともいう。免震構造において、アイソレータ、ダンパー、ベースプレート、配管継手、エキスパンションおよび耐火被覆等の免震機構に関与するものを免震部材という。一般には、主たる免震部材のアイソレータ、ダンパーを指すことが多く、平成 12 年建設省告示第 1446 号では指定建築材料の一つとして免震材料と呼んでいる。

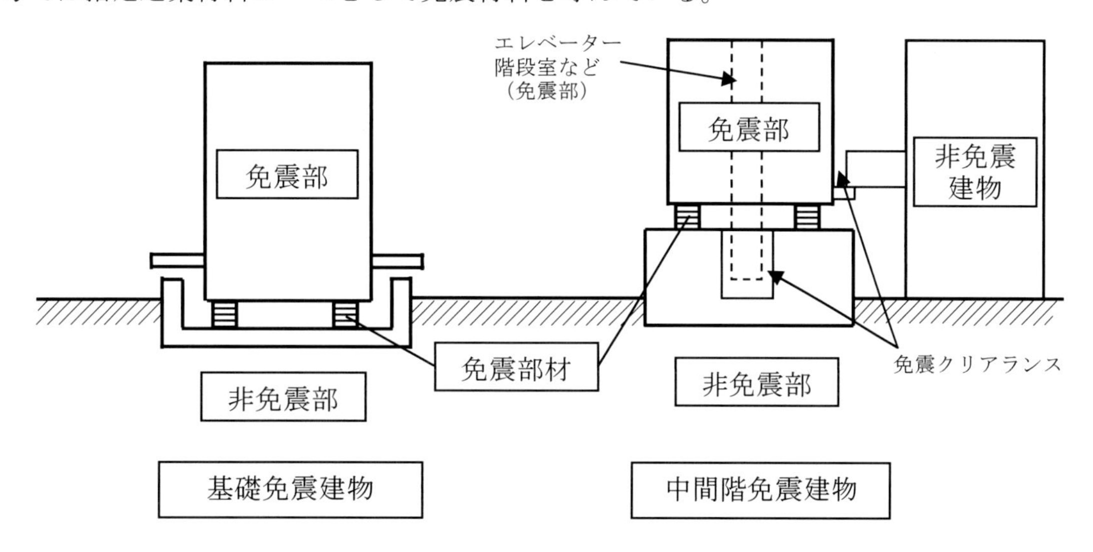

図 1.4.1 免震部、非免震部

9）耐火帯：

図 1.4.2 に示すように、免震クリアランス部を耐火的に区画するために設ける耐火（不燃）部材。免震クリアランス部には大きな相対変位が生じるため、その動きに対し破断しないようにしなければならない。たるみをもたせて設置し、変位を吸収するものが多い。

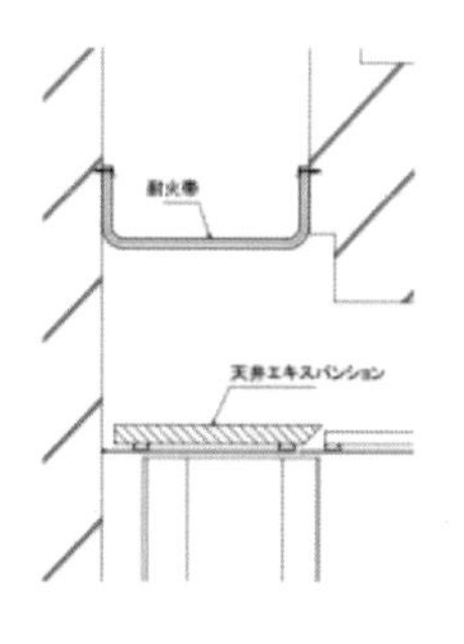

図 1.4.2 耐火帯

10）犬走り：

図 1.4.3 に示すように、免震建築物の外周部に設け、免震クリアランスをふさぐ片持スラブ。擁壁とスラブの間には鉛直クリアランスを設ける。

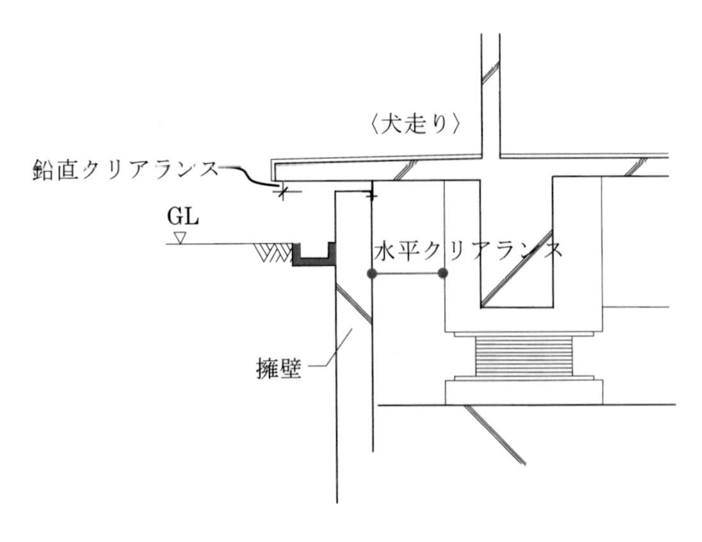

図 1.4.3 犬走り図

11)残留変位：

地震終了後の免震建物が元の位置に戻らない場合に、元の位置からの変位量を残留変位と呼ぶ。

12）想定最大残留変位：

設計者がその建物に想定する最大残留変位。免震 Exp.J は想定最大残留変位以下の残留変位に対しては、残留変形が生じないようにすることが望ましい。残留変位の許容値は日本免震構造協会の維持管理標準では 50mm とされている。

13）残留変形：

地震終了後に免震部材やエキスパンションジョイントが元の形に戻らず形状変化が残ること。

14）振動台：

油圧のアクチュエーターにより高速加振が可能な振動台。100cm/s 以上の高速加振や地震動の再現加振ができ、上下動や回転成分を含んだ 6 自由度の加振ができるものも多い。

15）加振台：

手動やフォークリフト、または電動モーターにより 2 次元の加振ができるもの。振動台ほど高速な加振や地震動の再現加振は出来ない。

16）標準品：

標準的な納まりの製品であり、設計可動量や許容荷重および想定仕上げなどの条件が製品の想定範囲内の製品。可動試験などで必要な試験が事前にされていると判断できる製品。

17）免震エキスパンションジョイント各部名称：

a) 本体パネル：

免震 Exp.J の本体となる部分。本体カバーとも呼ぶ。

b) 下地材：

本体パネルの骨になる部分で、この上に表面の仕上材が設けられる。

c) 先端カバー：

床免震 Exp.J の本体パネル先端に設けられた金物。せり上がりタイプのものでは、せり上がった時に通行人に危害を与えないように先端金物が下がるタイプのものもある。先端見切り、先端金物、ウイングプレートとも呼ぶ。

d) 仕上材：

本体カバーの表面の仕上材。壁の場合はアルミプレートやステンレスプレートの場合が多いが、クロスなどが貼られる場合も多い。床の場合は石張やタイル貼りなど様々な仕上が施される。天井の場合は一般部の天井と同様な仕上材が貼られる場合が多い。

e) 皿板：

床免震 Exp.J の本体パネルの底に設ける部材。この上にモルタルで石やタイルなどが貼られる。

f) 補強材：

本体カバーの強度を高める部材。床では車の通行などで大きい荷重がかかる場合も多いので、耐荷重に合わせた補強材（グレーチングなど）が設けらる。

g) 固定ピン：

床免震 Exp.J 本体カバーの取付部で、本体カバーを固定するとともに、回転や上下方向の変位を吸収するために設けられる。

h) スライドレール：

免震 Exp.J の本体カバーが地震時に動くためのレール。ベアリングを用いたものやすべりタイプのものがある。

図 1.4.4 にエキスパンションジョイントの各部の呼び方を示す。

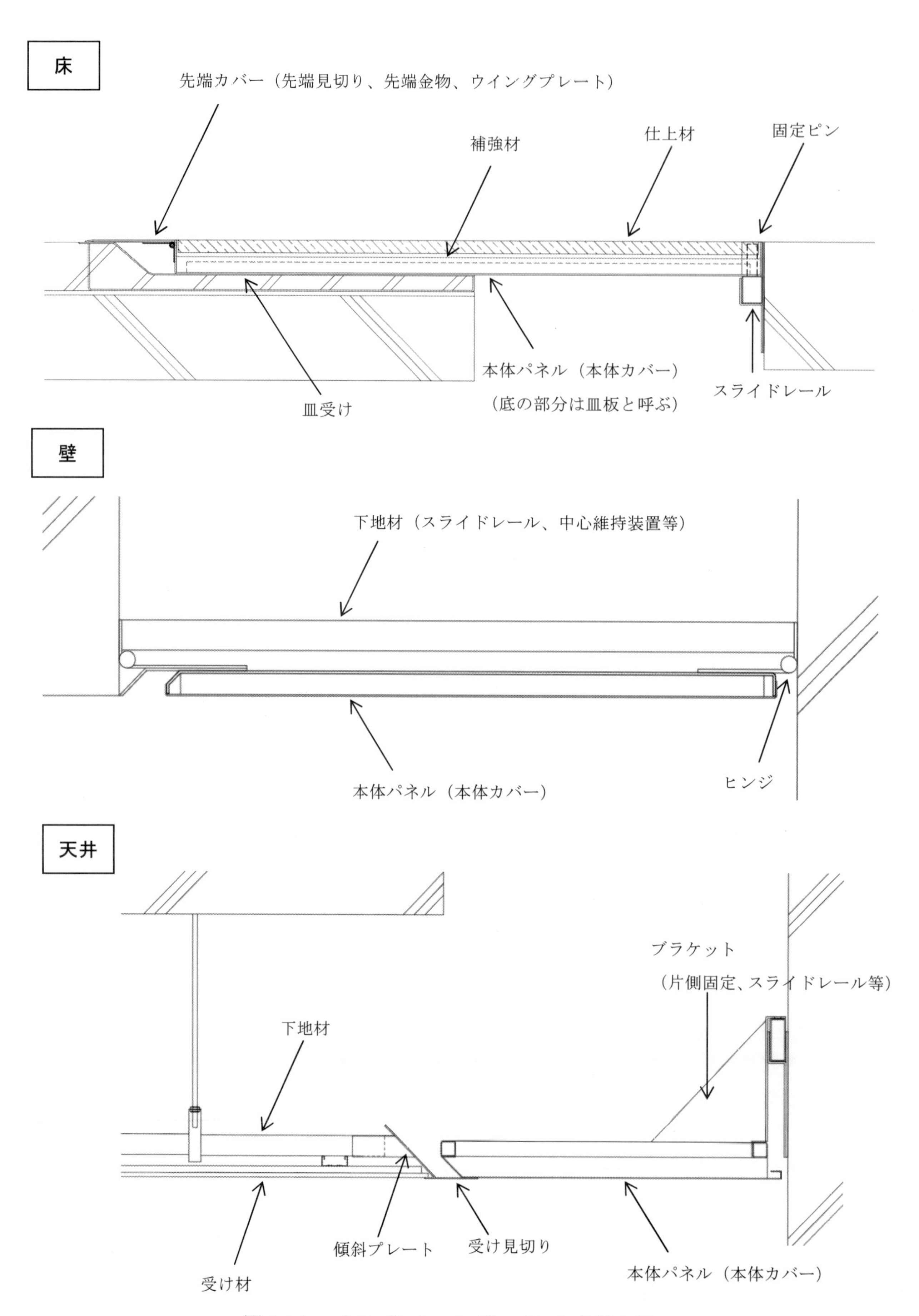

図 1.4.4 エキスパンションジョイント各部の例

1.5 機構の分類

免震 Exp.J の機構を下記のように分類する。

免震 Exp.J には様々な機構のものがある。本章では各種の Exp.J の分類を示す。免震 Exp.J 部は平面的に全方向に変形できなければならないが、機構的には直交する 2 方向（X,Y 方向）の動きに追従できるように出来ていれば、全方向の変形に追従できる。ひとつの Exp.J でも 2 方向の機構は異なっている場合もあり、2 方向について機構を分類する必要がある。一般的に X 方向とは免震クリアランスの方向（免震クリアランスが広がったり、縮まったりする方向）であり、Y 方向はそれに直交する方向である。図 1.5.1〜1.5.3 に免震 Exp.J の方向の定義の図を示す。

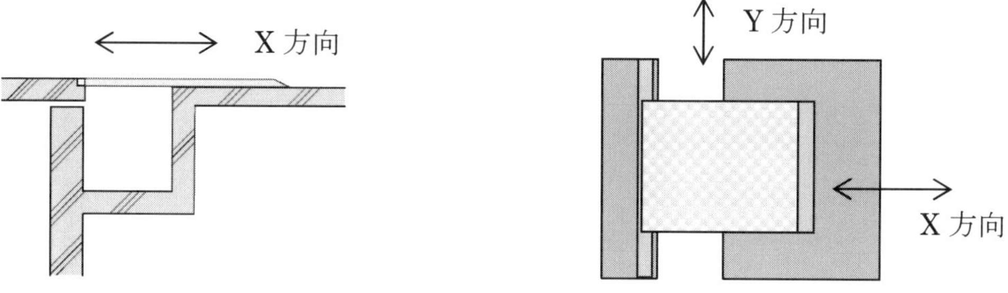

図 1.5.1 床部免震 Exp.J の方向の定義

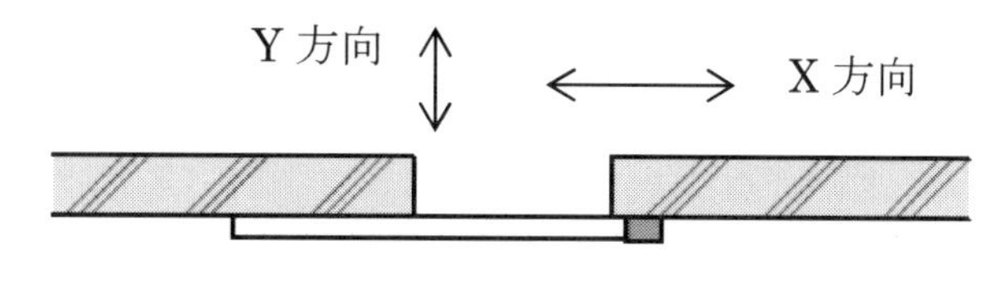

図 1.5.2 壁部免震 Exp.J の方向の定義

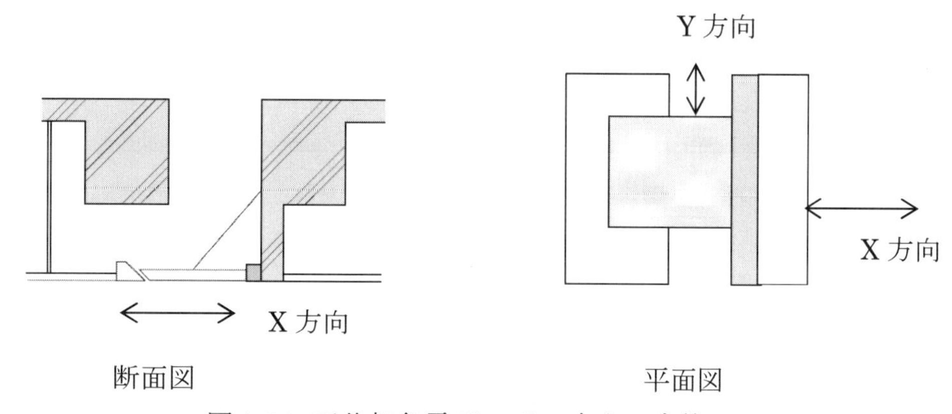

図 1.5.3 天井部免震 Exp.J の方向の定義

代表的な機構の分類を表 1.5.1 に示す。また、床の模式図を図 1.5.4(a)〜(i)に、壁の模式図を図 1.5.5(a)〜(h)に、天井の模式図を図 1.5.6(a)〜(e)に示す。これらの機構は一般によく用いられているものであるが、これ以外にも様々な機構のものが考案されている。

表 1.5.1　機構の分類

分類	名称	機構の概要	適用部位	参考図
スライド式	スライド式	形状を変化させずに非免震部に接触して移動する。どこにも接触せず、空中を移動するものもある。	床 壁 天井	図 1.5.4(a)(b)(c) 図 1.5.4(e)(g) 図 1.5.5(a) 図 1.5.6(a)(b)(d)
	片側のみ込み スライド式	本体パネルの片側がスライド時に非免震部の仕上の下にのみ込まれる。	床	図 1.5.4(f)
	両側のみ込み スライド式	本体パネルの両側がスライド時に非免震部及び免震部の仕上の下にのみ込まれる。	床	図 1.5.4(g)
	レール スライド式	本体パネルに取り付けたレール部でスライドする。ストッパーにより本体パネルが拘束され、レール部でスライドするものもある。	床 壁 天井	図 1.5.4(d)(f)(i) 図 1.5.5(g) 図 1.5.6(c)(e)
	ヒンジ スライド式	壁において、Y 方向の動きに対し、片側の端部のヒンジ部で回転するとともにスライドする。	壁	図 1.5.5(a)(b)
	ヒンジ レール式	壁において、Y 方向の動きに対し、片側の端部のヒンジ部で回転するとともにレールによりスライドする。	壁	図 1.5.5(c)
せり上がり式 (せり出し式)	片側せり上がり式 (片側せり出し式)	常時は非免震部とフラットな状態で、地震時にスライドする際に本体パネルの片側がせり上がりながら移動する。壁の場合はせり出しと呼ぶ。	床 壁 天井	図 1.5.4(b)(d) 図 1.5.5(b)(c) 図 1.5.6(b)
	固定側せり上がり式	常時は非免震部とフラットな状態で、地震時にスライドする際に本体パネルの片側がせり上がりながら移動し、固定側は真上に上がる。	床 天井	図 1.5.4(c) 図 1.5.6(c)
	両側せり上がり式 (両側せり出し式)	常時は非免震部とフラットな状態で、地震時に位置をクリアランスの中央に保ったまませり上がる。壁の場合はせり出す。	床 壁 天井	図 1.5.4(e) 図 1.5.5(d) 図 1.5.6(d)
伸縮式	伸縮式	本体パネルが蛇腹形状などとなっておりパネル自体が伸縮する。	床 壁	図 1.5.4(i) 図 1.5.5(e)
	ヒンジ 伸縮式	壁において、Y 方向の動きに対し、両側の端部のヒンジ部で回転するとともにパネル本体が伸縮する。	壁	図 1.5.5(d)(e)(f)
その他	折れ曲り式	2 枚に分かれた本体パネルがエキスパンションの間隔が狭くなる場合にせり合って、折れ曲った状態になる。間隔が広くなる場合には 2 枚のパネルは離れる。	壁	図 1.5.5(f)
	ヒンジ ローラー式	壁において、エキスパンションの間隔が狭くなる場合に片側のヒンジ部で回転し反対側のローラー部で直交方向に移動する。間隔が広くなる場合にはパネルが離れ隙間があく。Y 方向にはローラーが直交壁に沿って転がる。	壁	図 1.5.5(h)

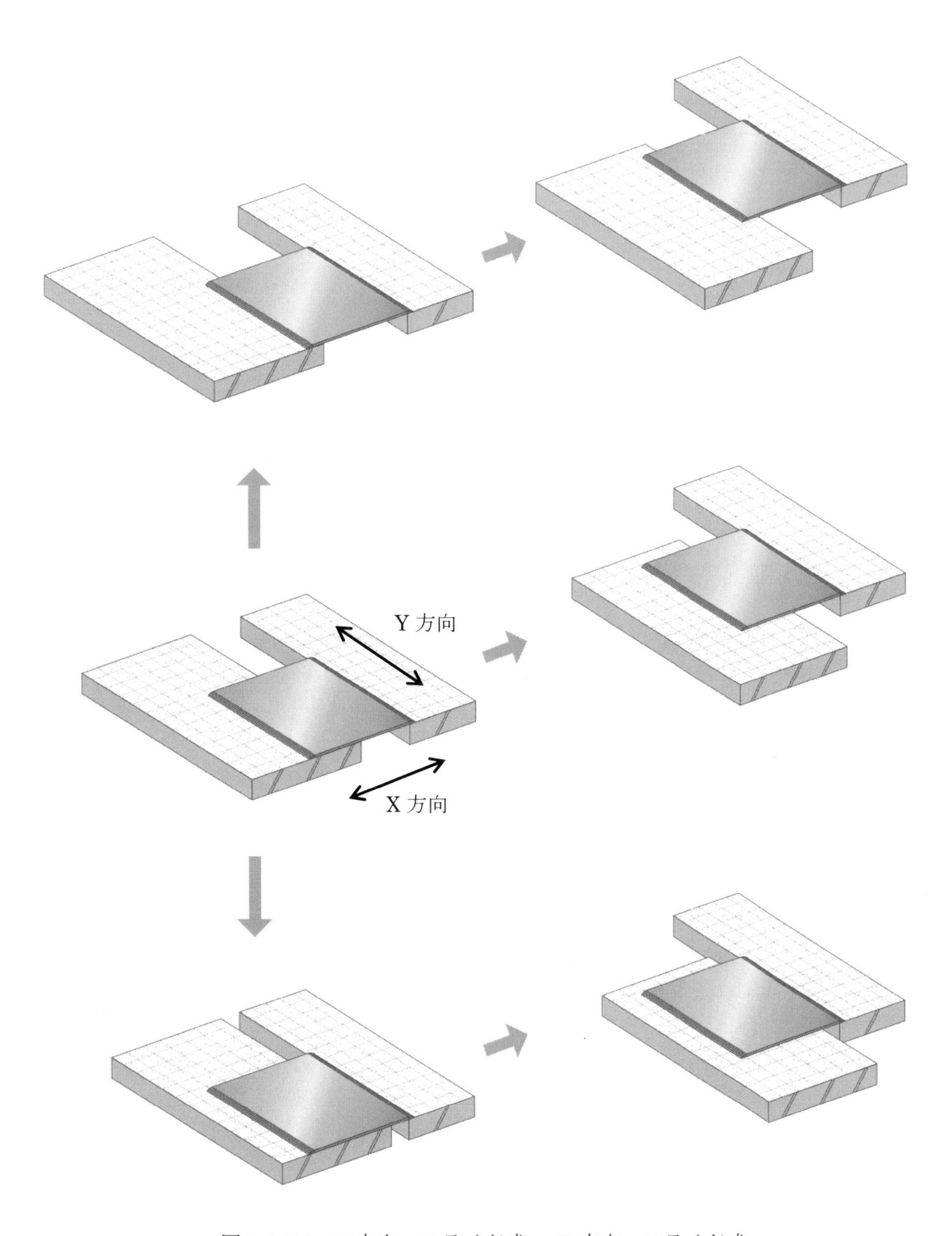

図 1.5.4(a)　X 方向：スライド式　Y 方向：スライド式

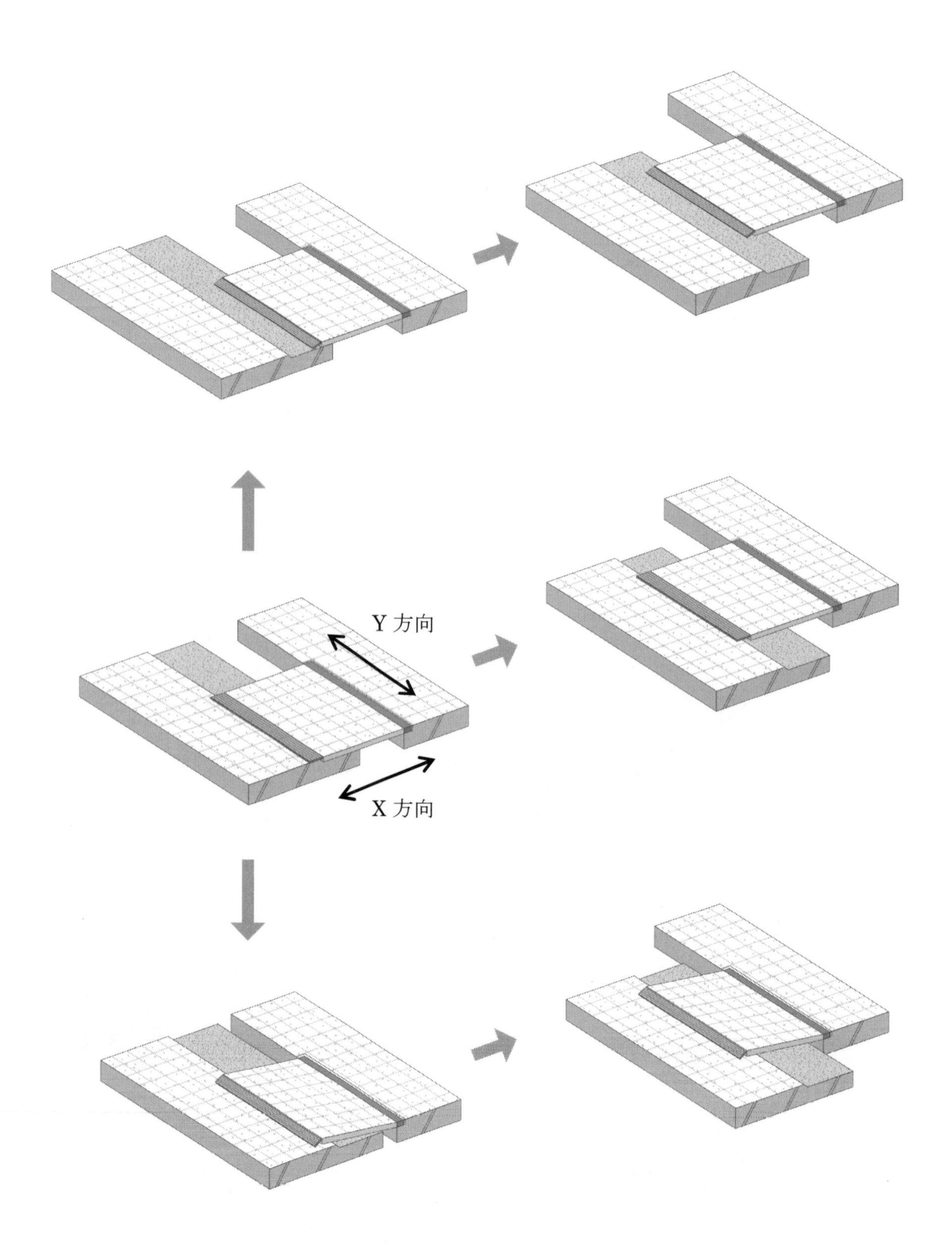

図 1.5.4(b)　X 方向：片側せり上がり式　　Y 方向：スライド式

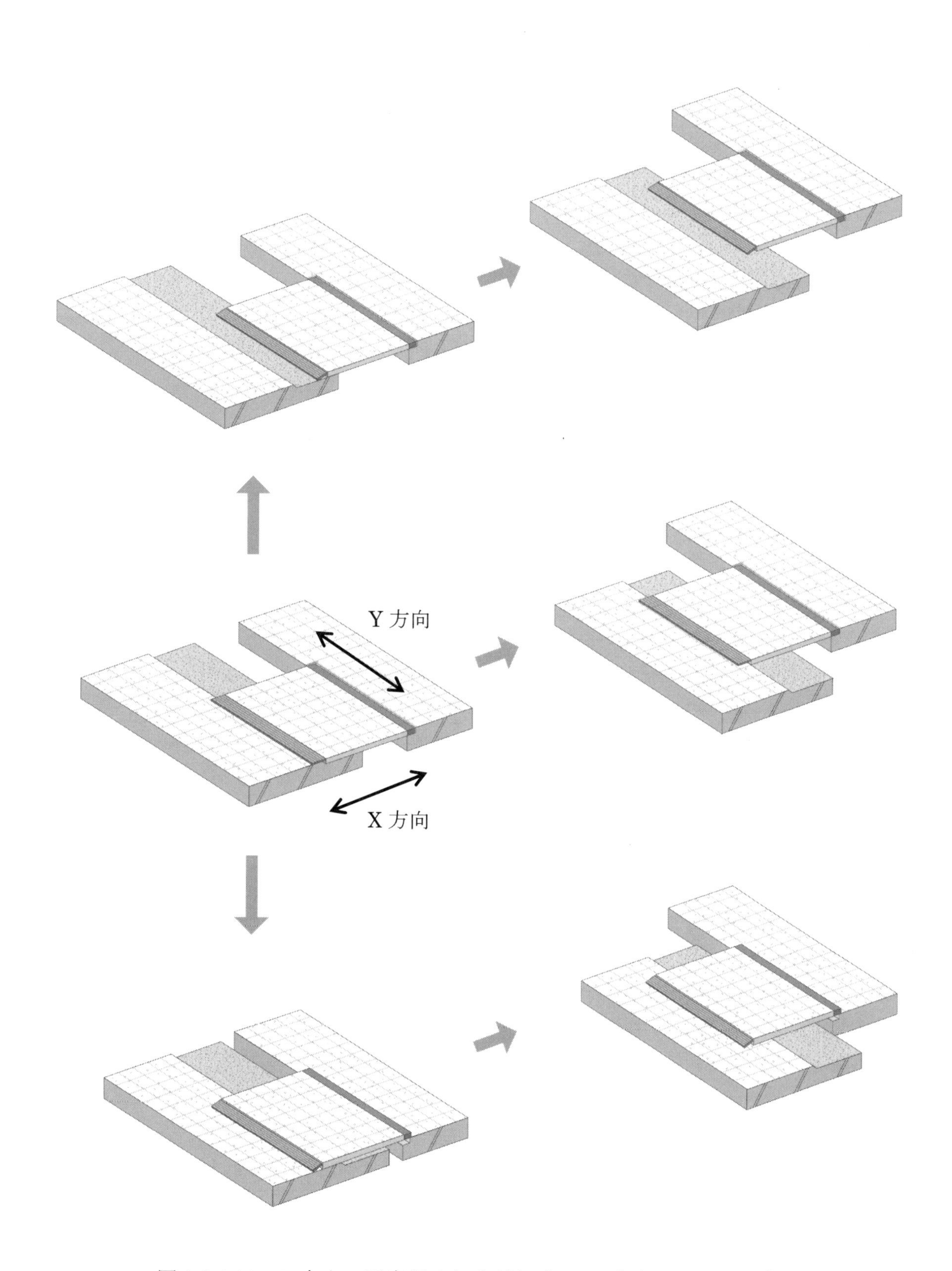

図 1.5.4 (c)　X 方向：固定側せり上がり式　Y 方向：スライド式

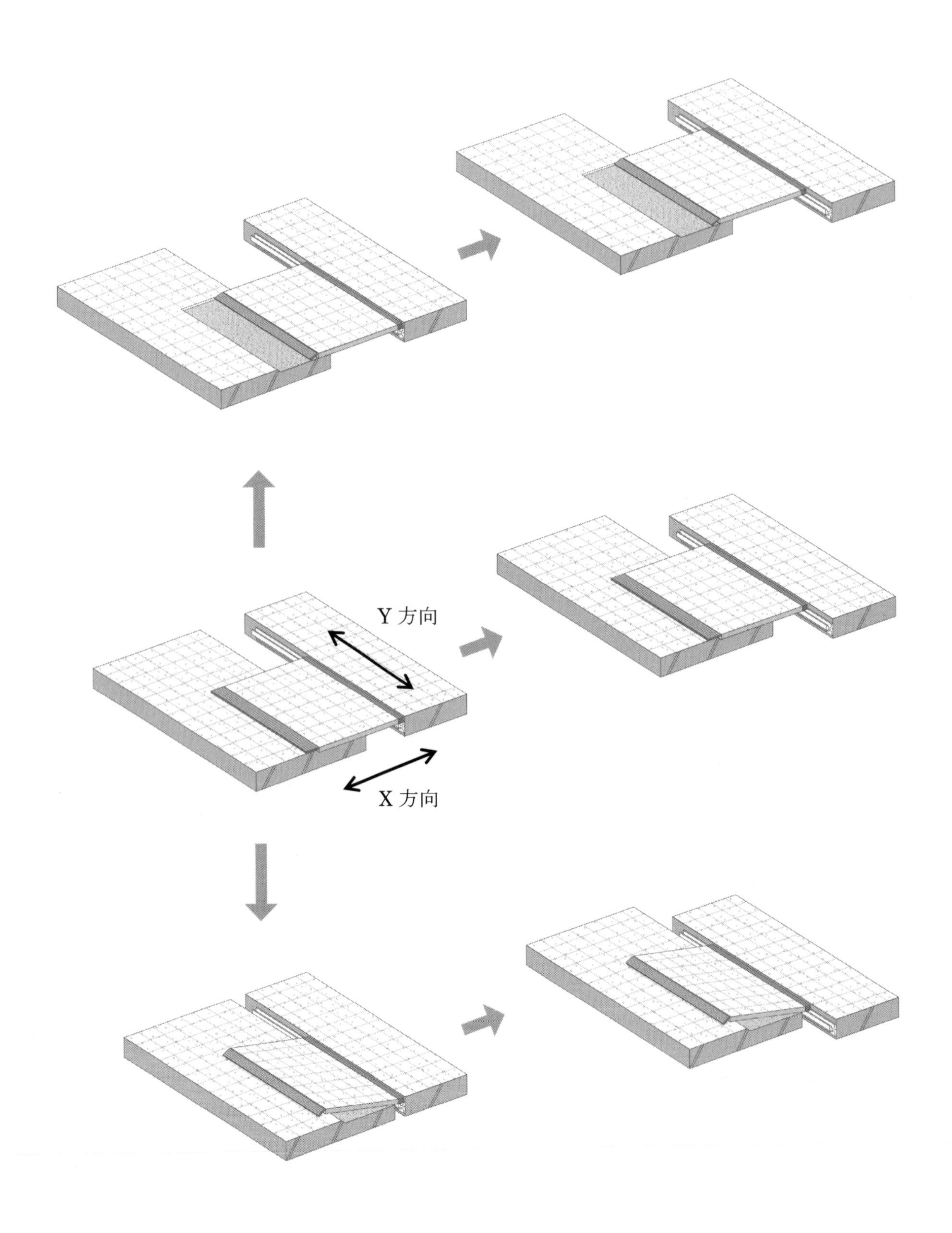

図 1.5.4 (d)　X 方向：片側せり上がり式　Y 方向：レールスライド式

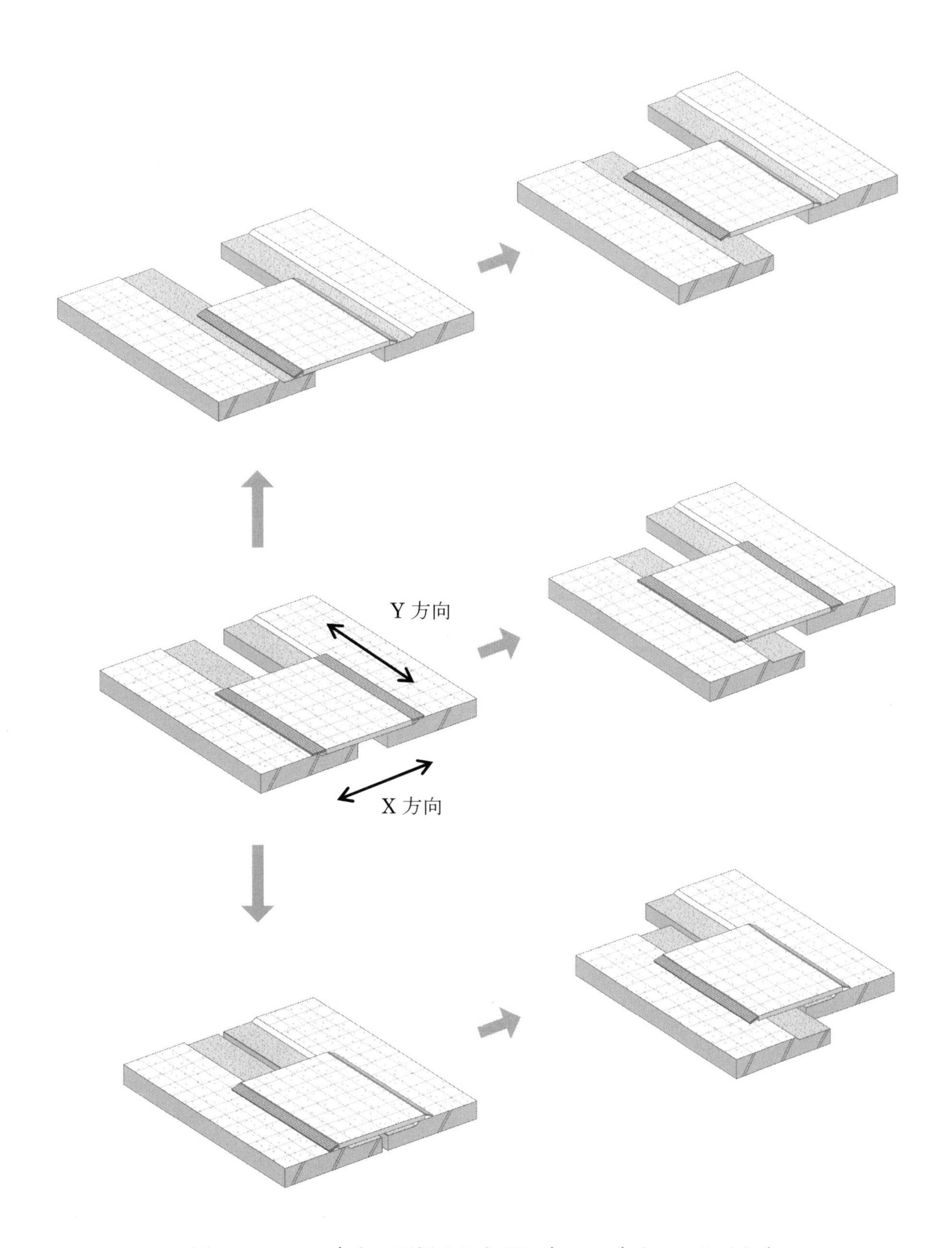

図 1.5.4 (e)　X 方向：両側せり上がり式　 Y 方向：スライド式

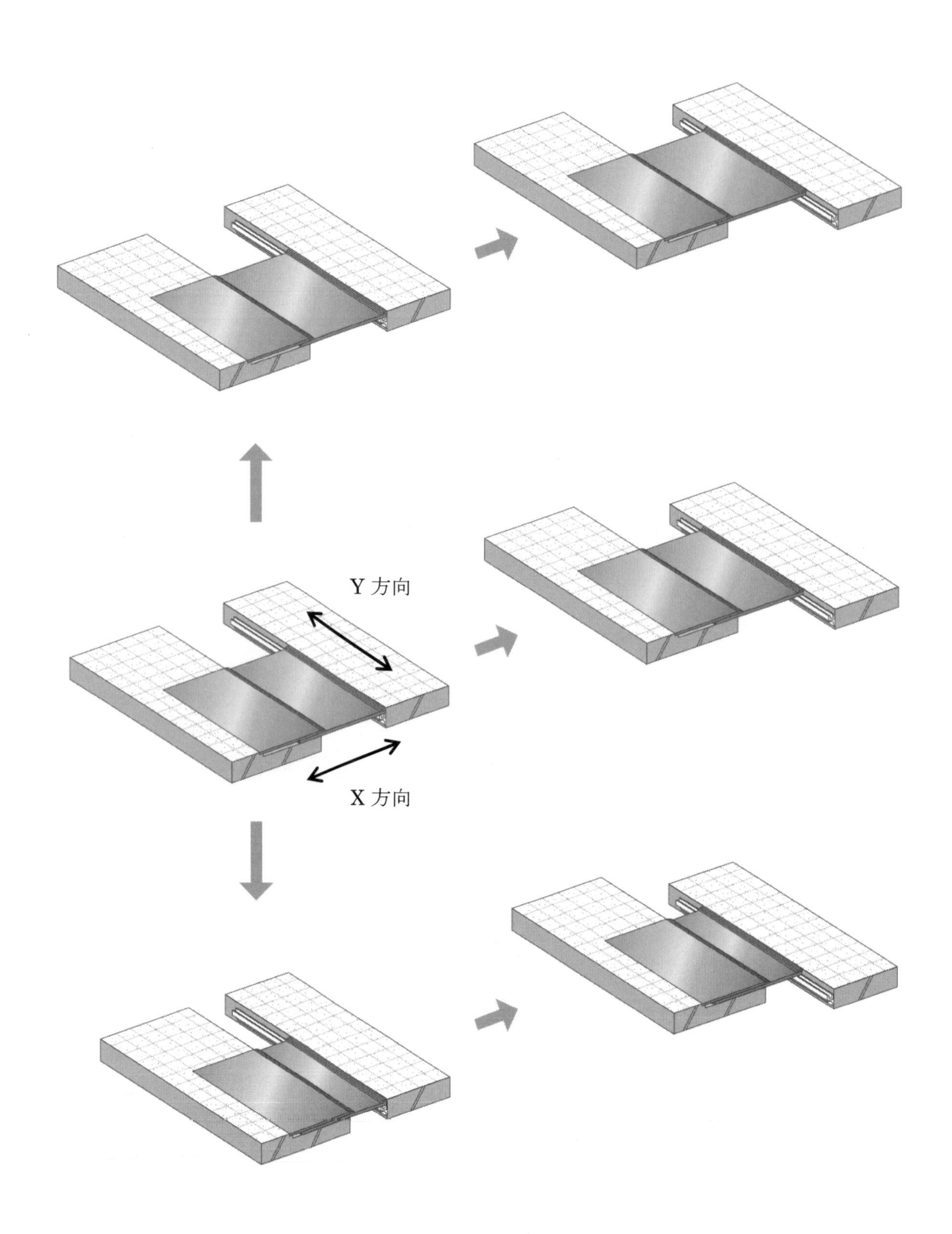

図 1.5.4 (f)　X 方向：片側のみ込みスライド式　Y 方向：レールスライド式

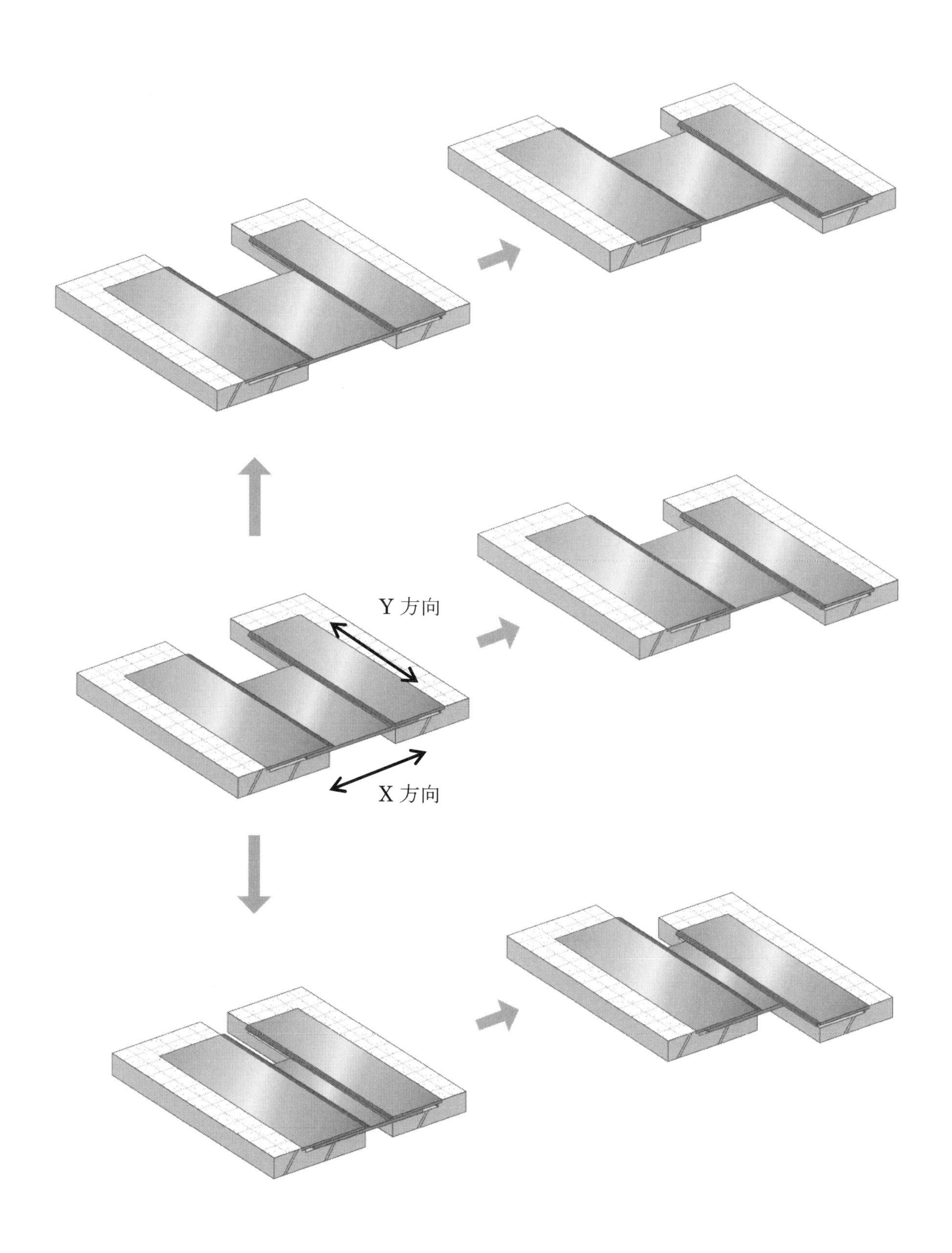

図 1.5.4 (g)　X 方向：両側のみ込みスライド式　Y 方向：スライド式

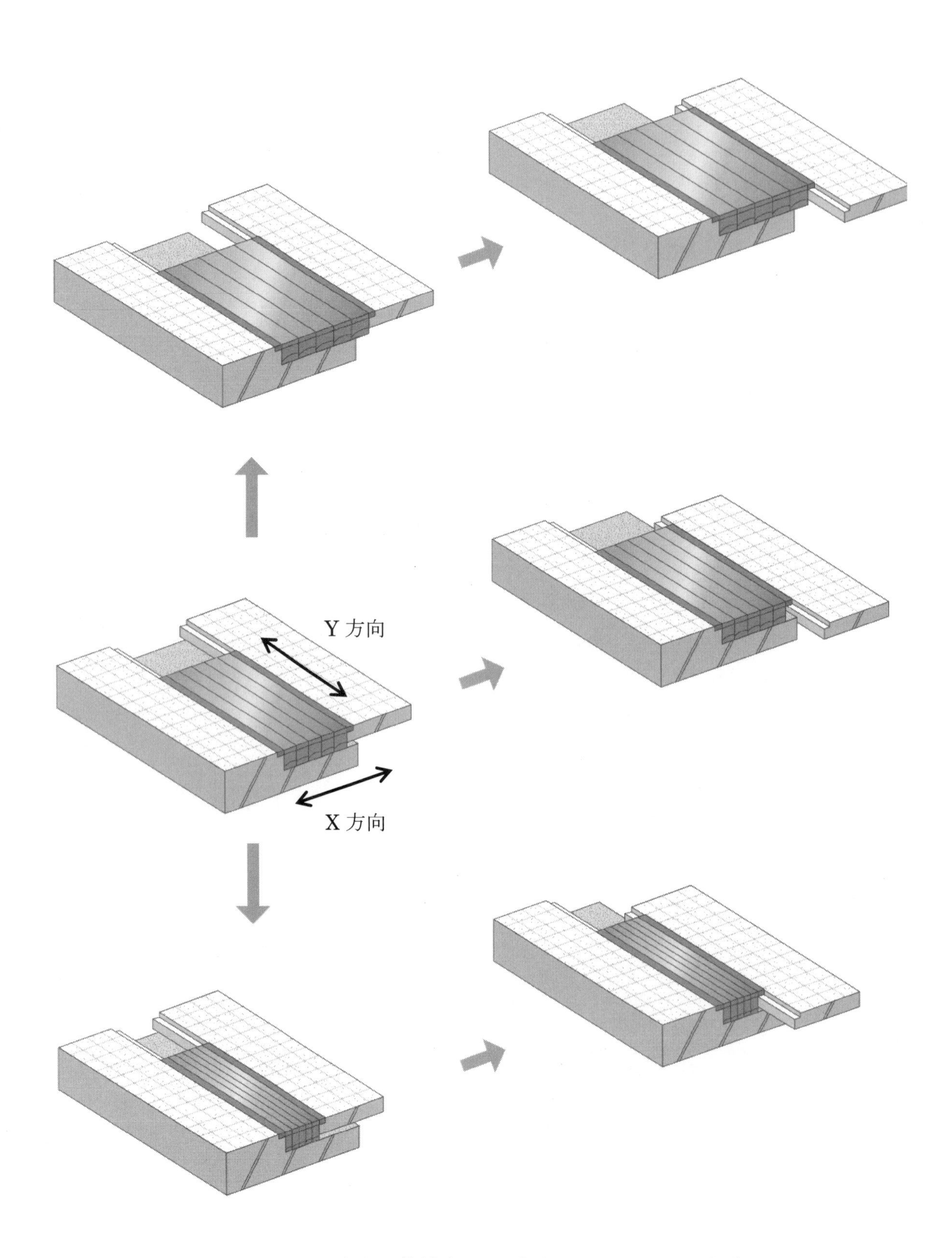

図 1.5.4 (i)　X 方向：伸縮式　　Y 方向：レールスライド式

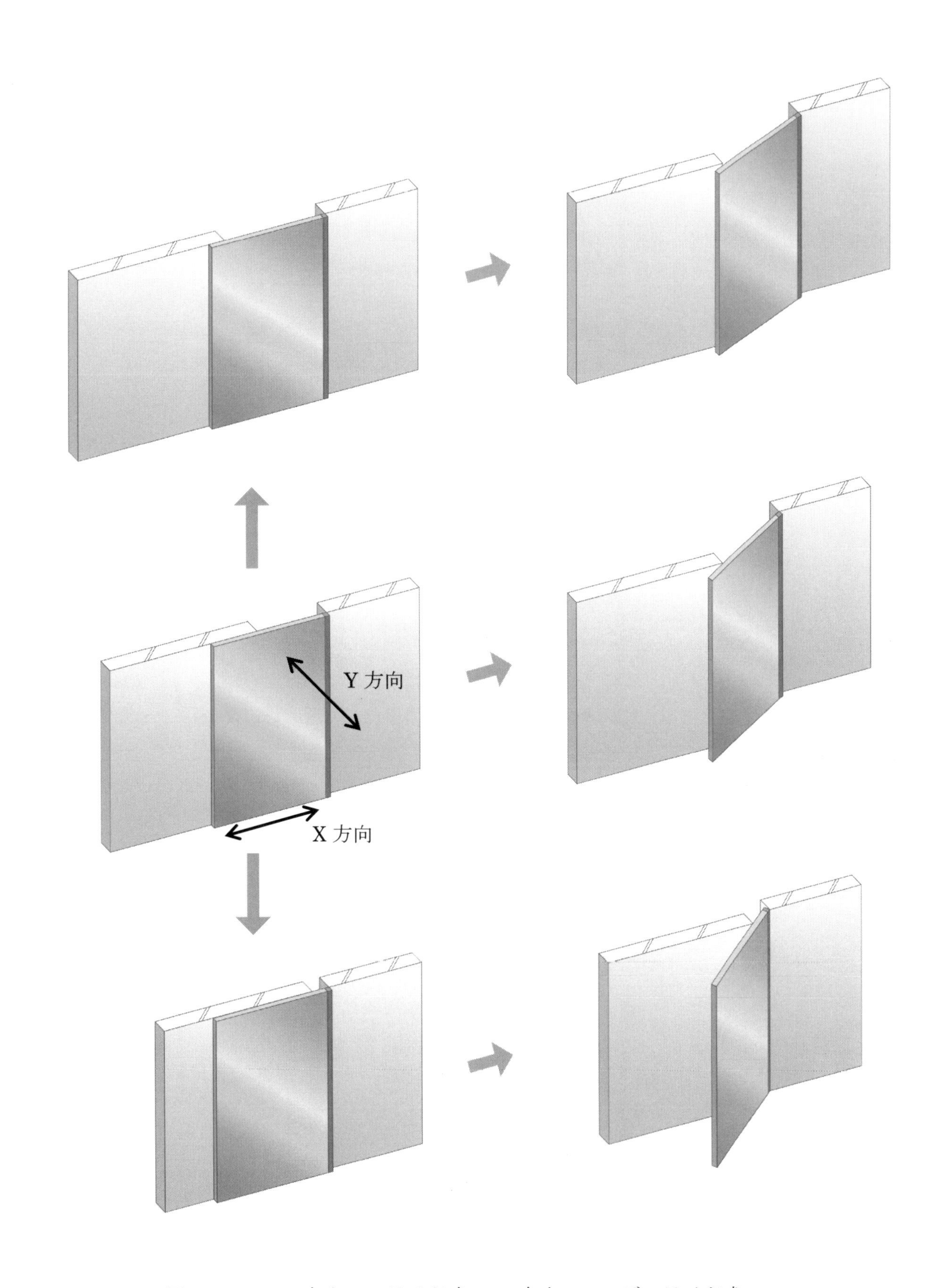

図 1.5.5 (a)　X 方向：スライド式　 Y 方向：ヒンジスライド式

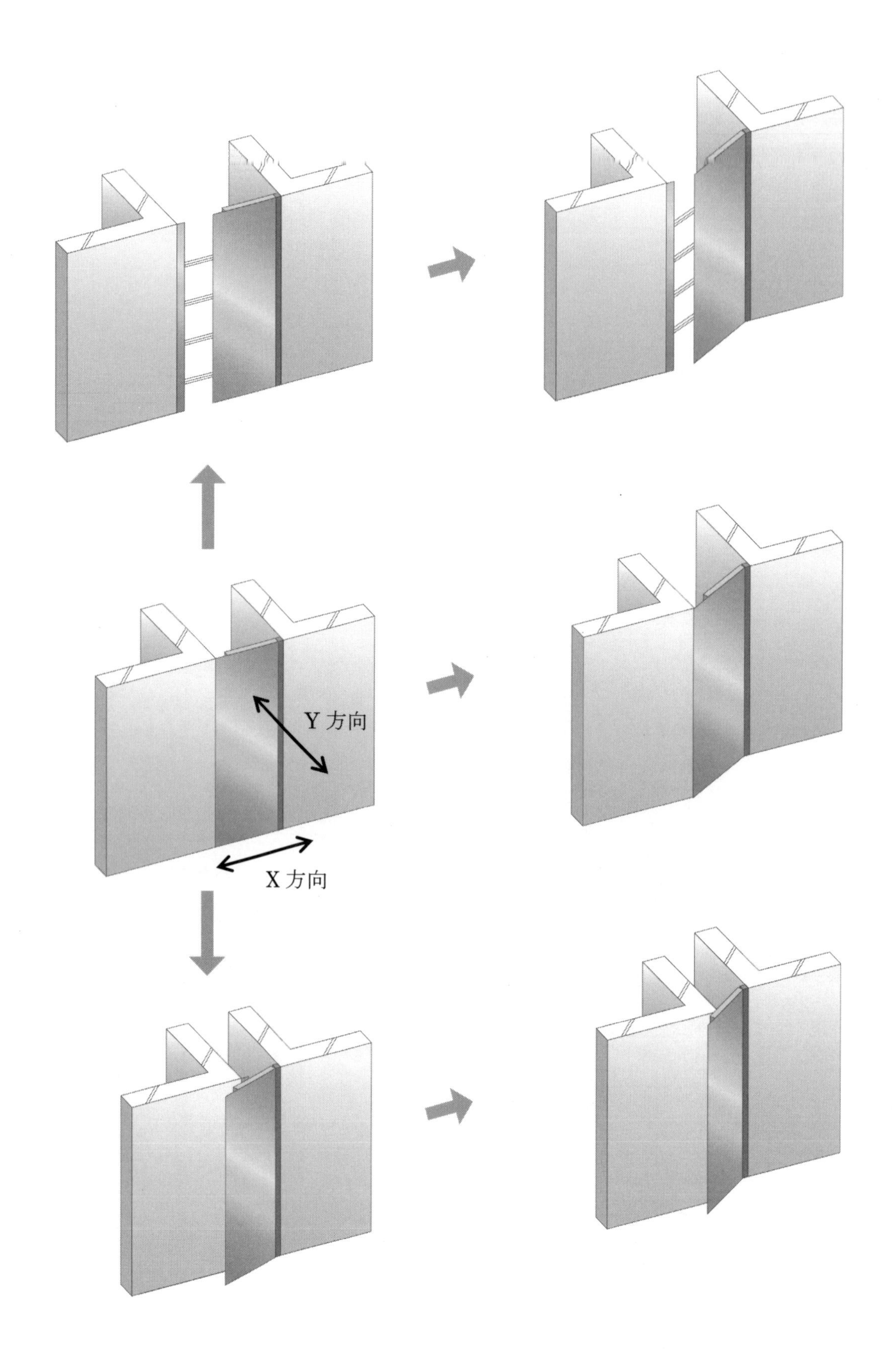

図 1.5.5 (b)　X 方向：片側せり出し式　　Y 方向：ヒンジスライド式

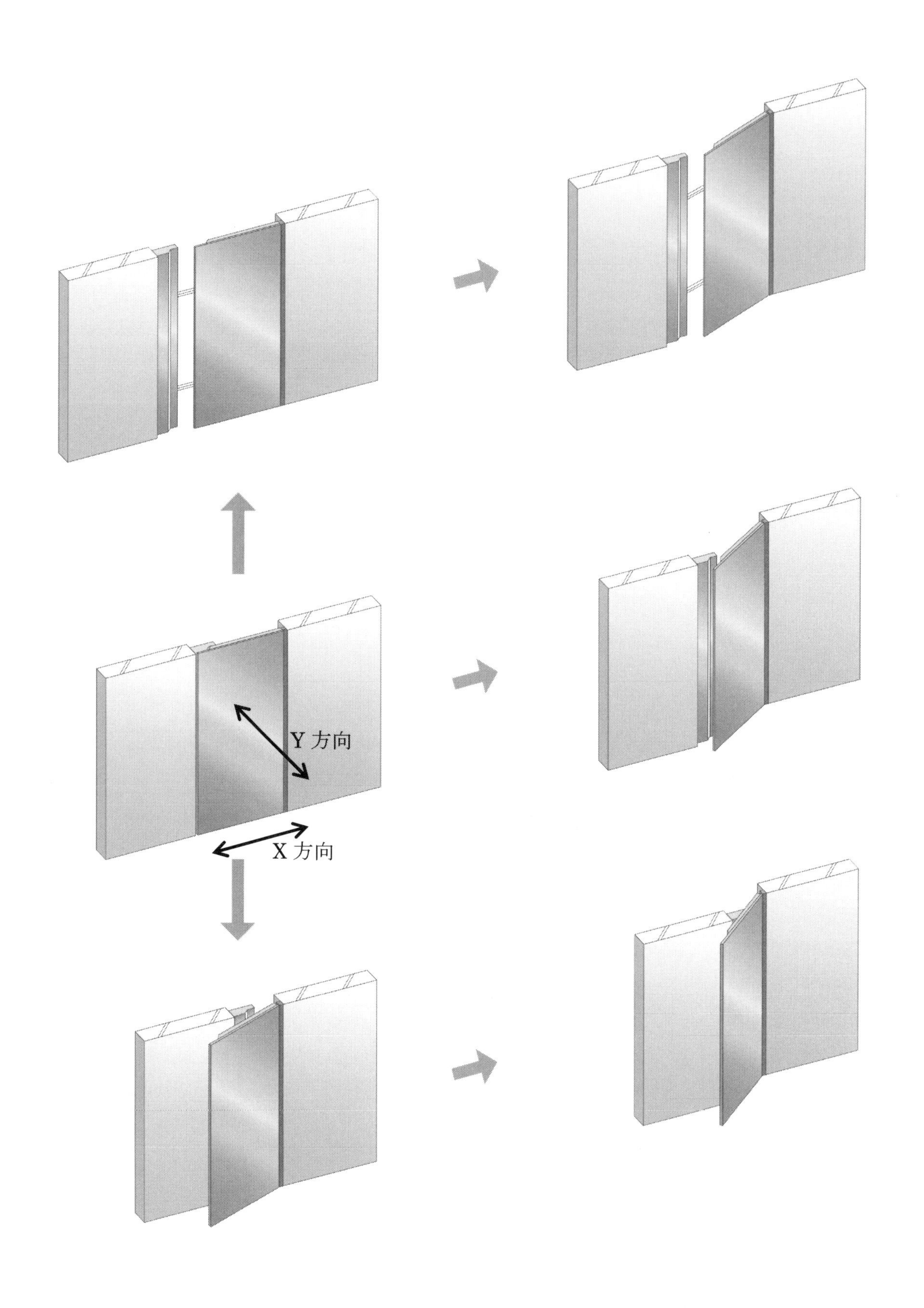

図 1.5.5 (c)　X 方向：片側せり出し式　 Y 方向：ヒンジレール式

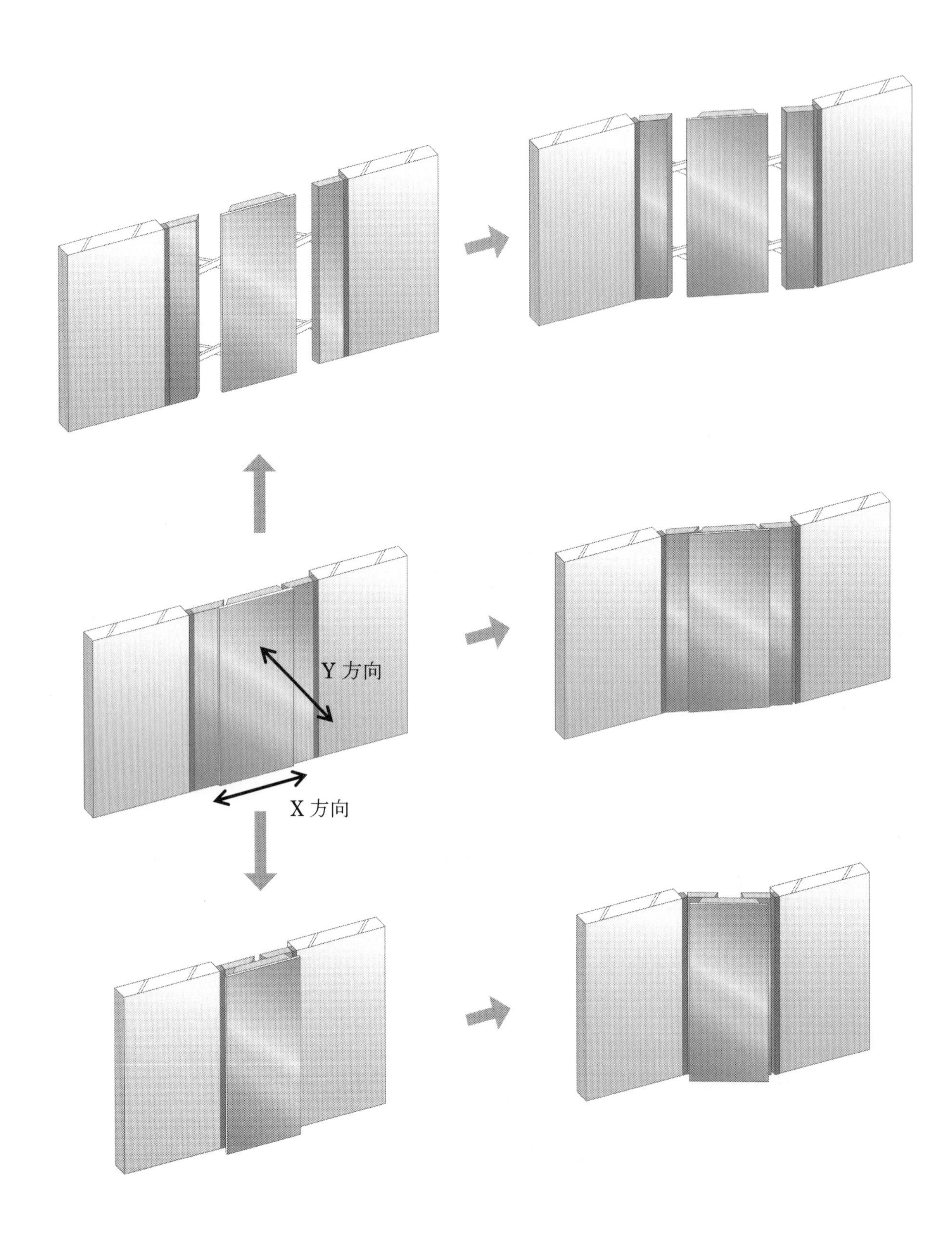

図 1.5.5 (d)　X 方向：両側せり出し式　　Y 方向：ヒンジ伸縮式

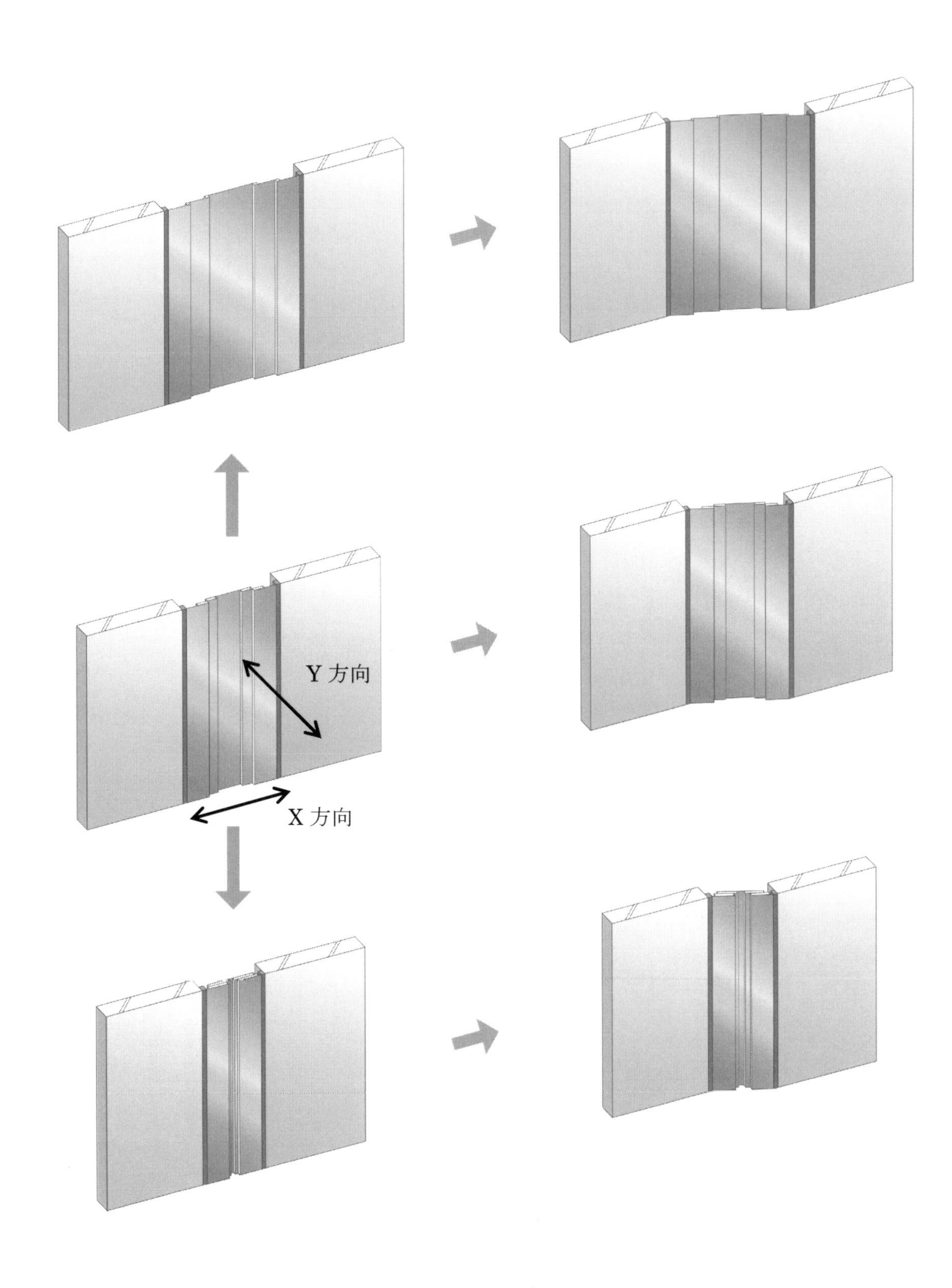

図 1.5.5 (e)　X 方向：伸縮式　 Y 方向：ヒンジ伸縮式

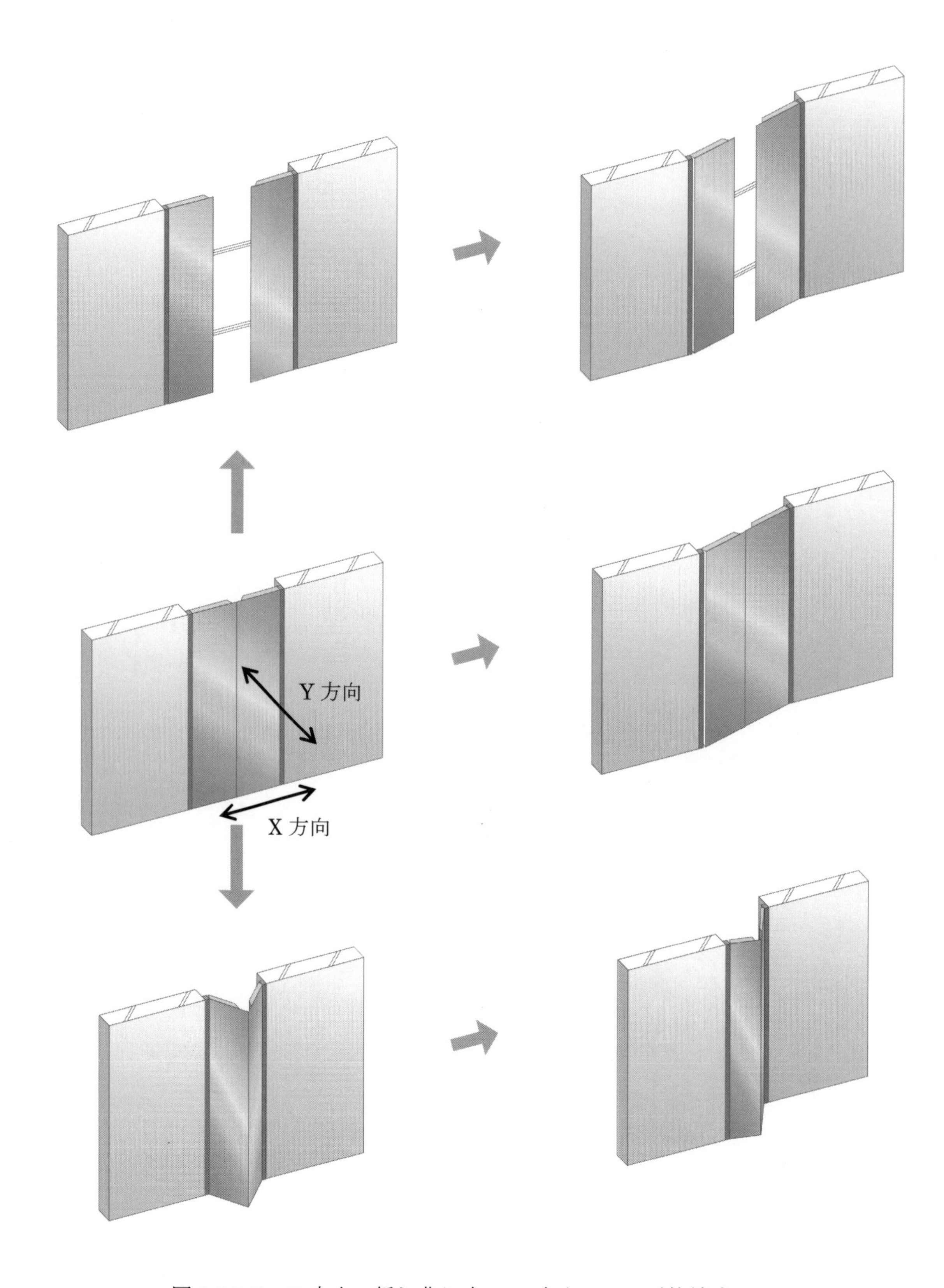

図 1.5.5 (f)　X 方向：折れ曲り式　 Y 方向：ヒンジ伸縮式

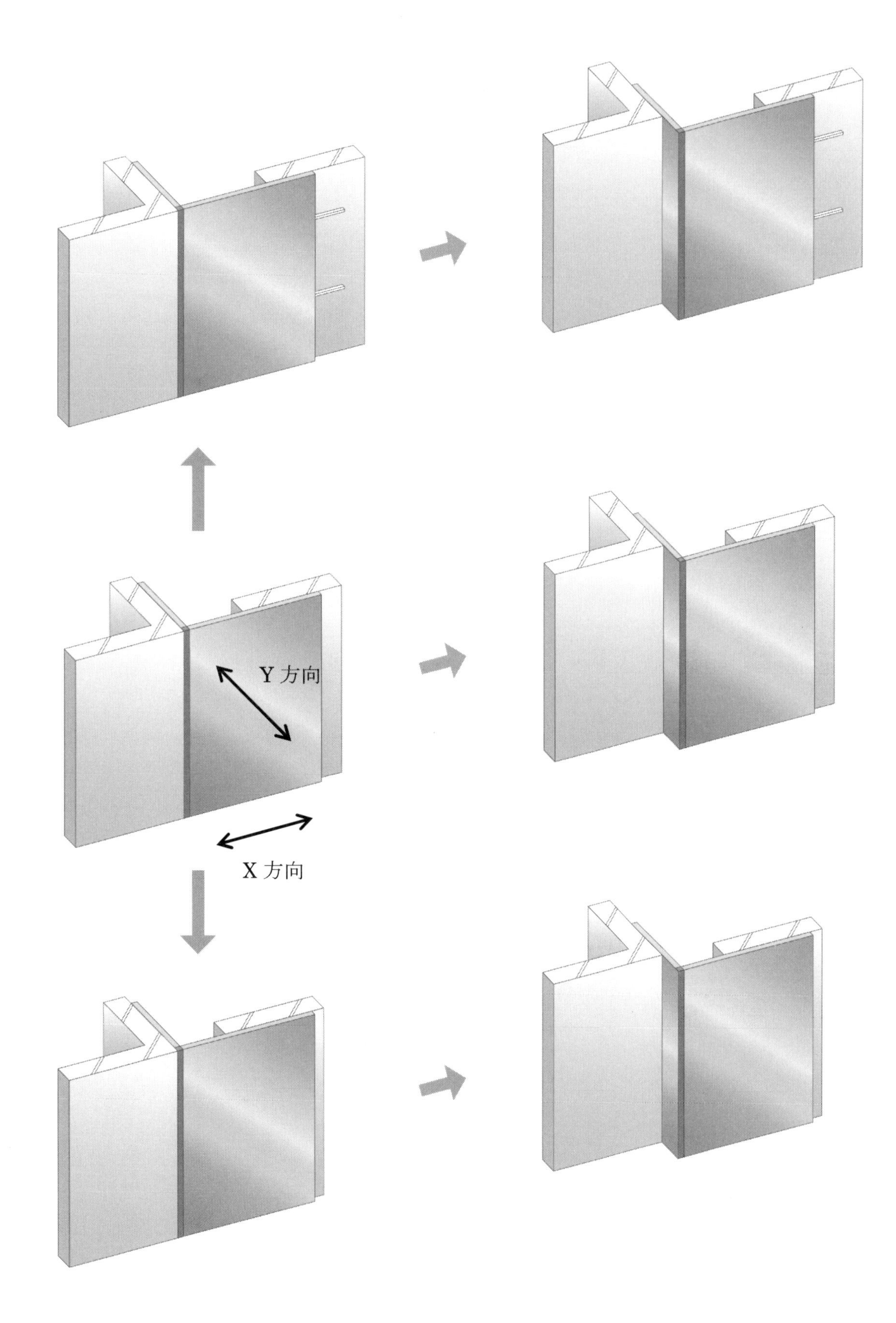

図 1.5.5 (g)　X 方向：レールスライド式　Y 方向：レールスライド式

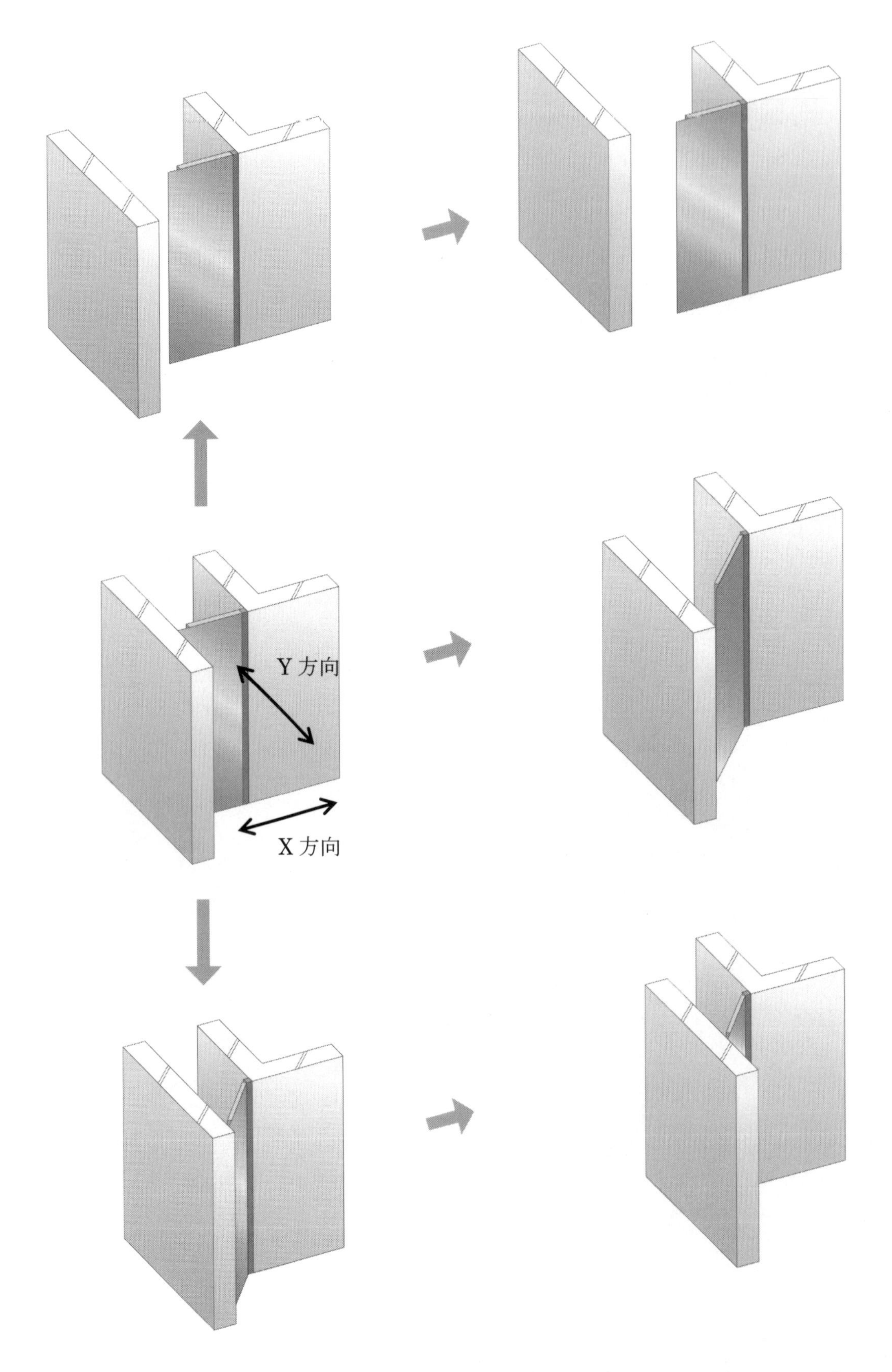

図 1.5.5 (h)　X 方向：ヒンジローラー式　Y 方向：ヒンジローラー式

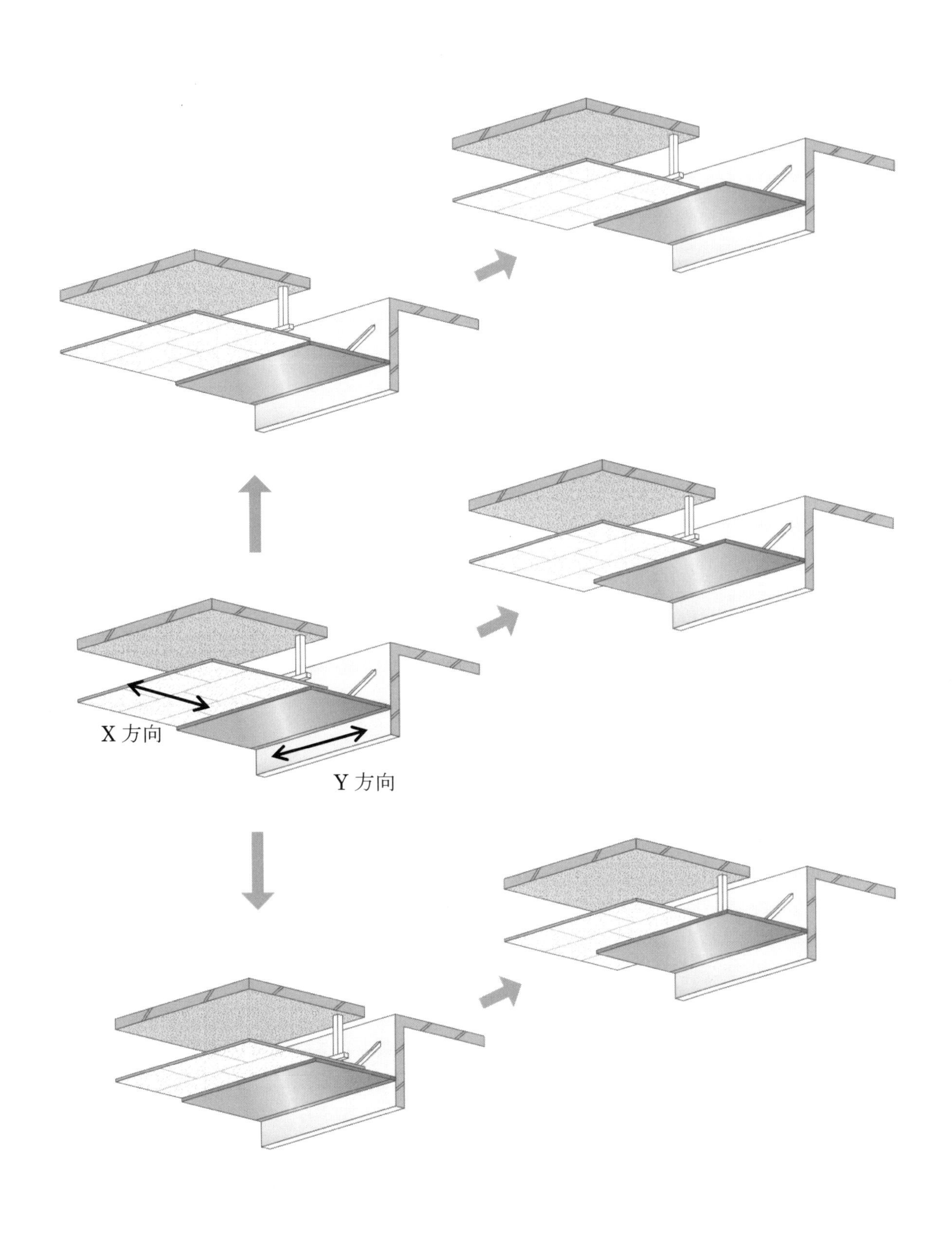

図 1.5.6 (a)　X 方向：スライド式　Y 方向：スライド式

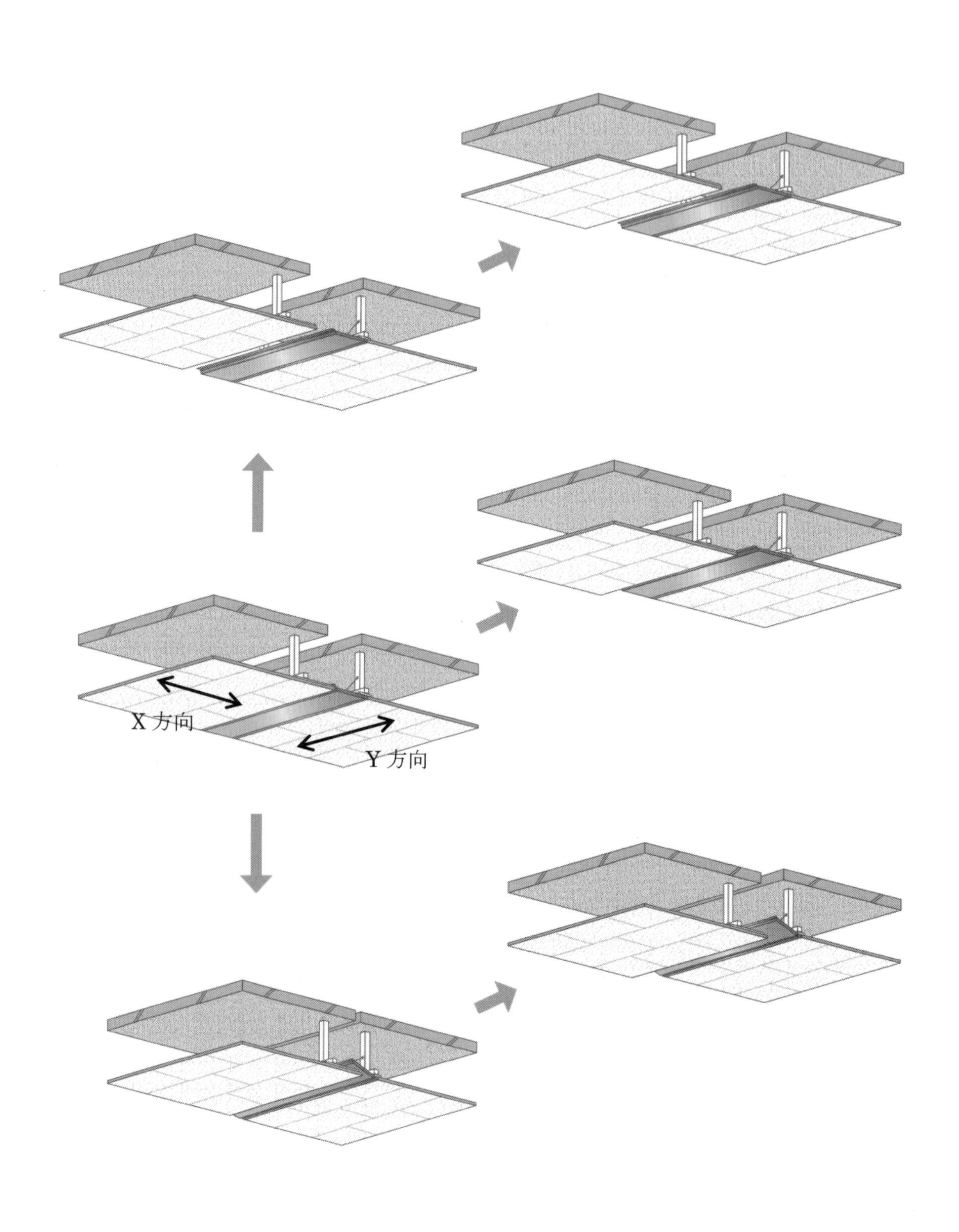

図 1.5.6　(b)　X 方向：片側せり上がり式　Y 方向：スライド式

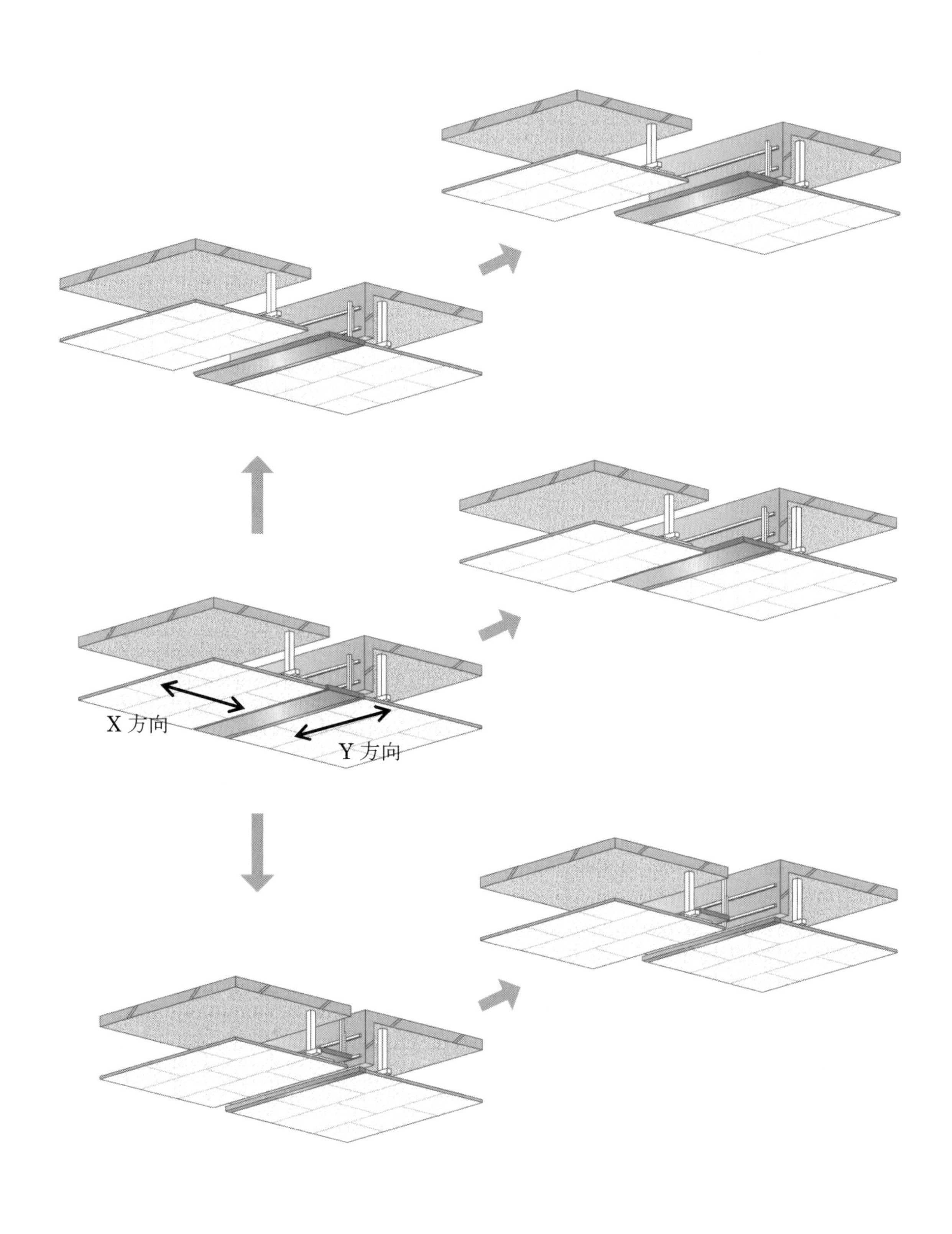

図 1.5.6 (c)　X 方向：固定側せり上がり式　　Y 方向：レールスライド式

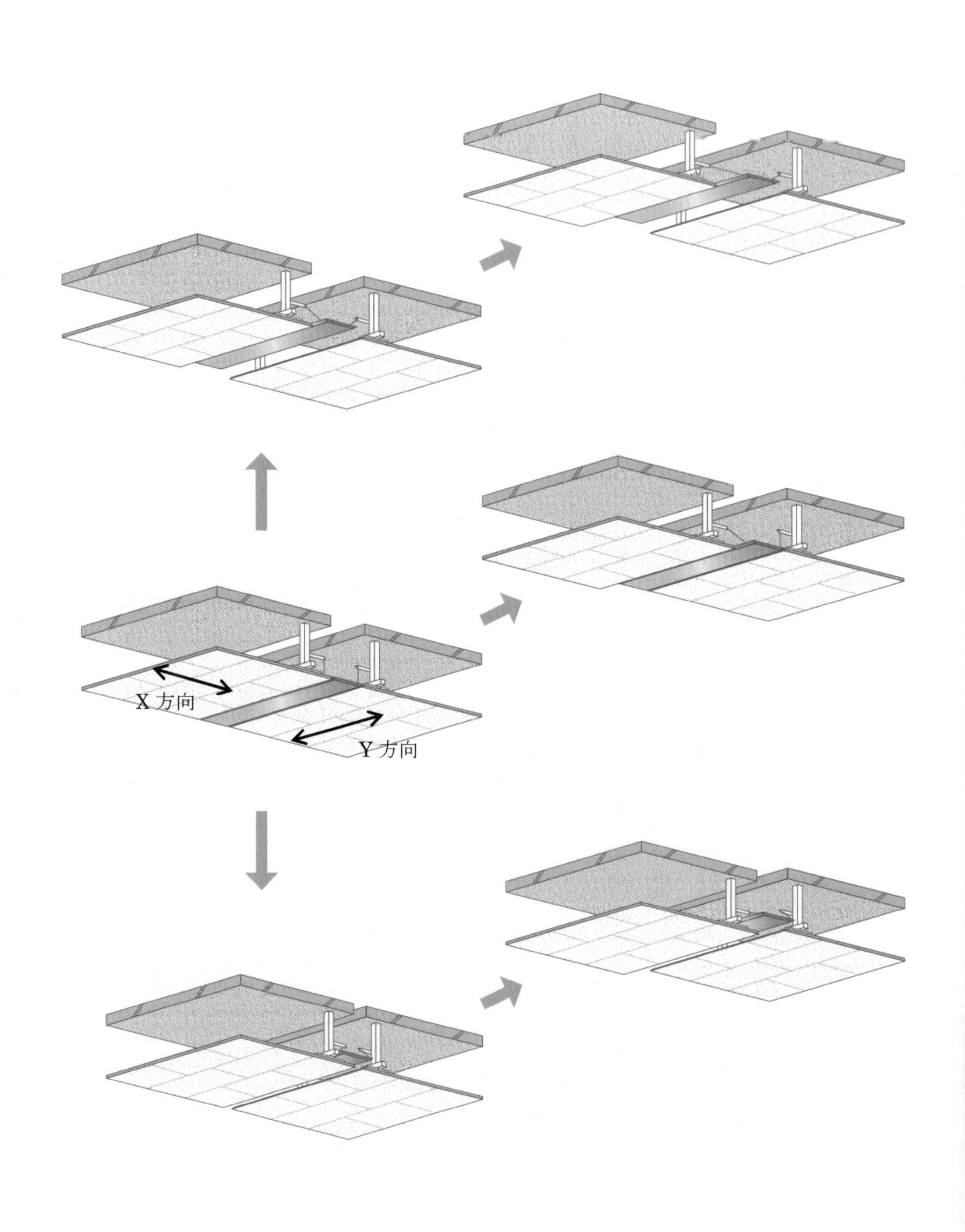

図 1.5.6 (d)　X 方向：両側せり上がり式　　Y 方向：スライド式

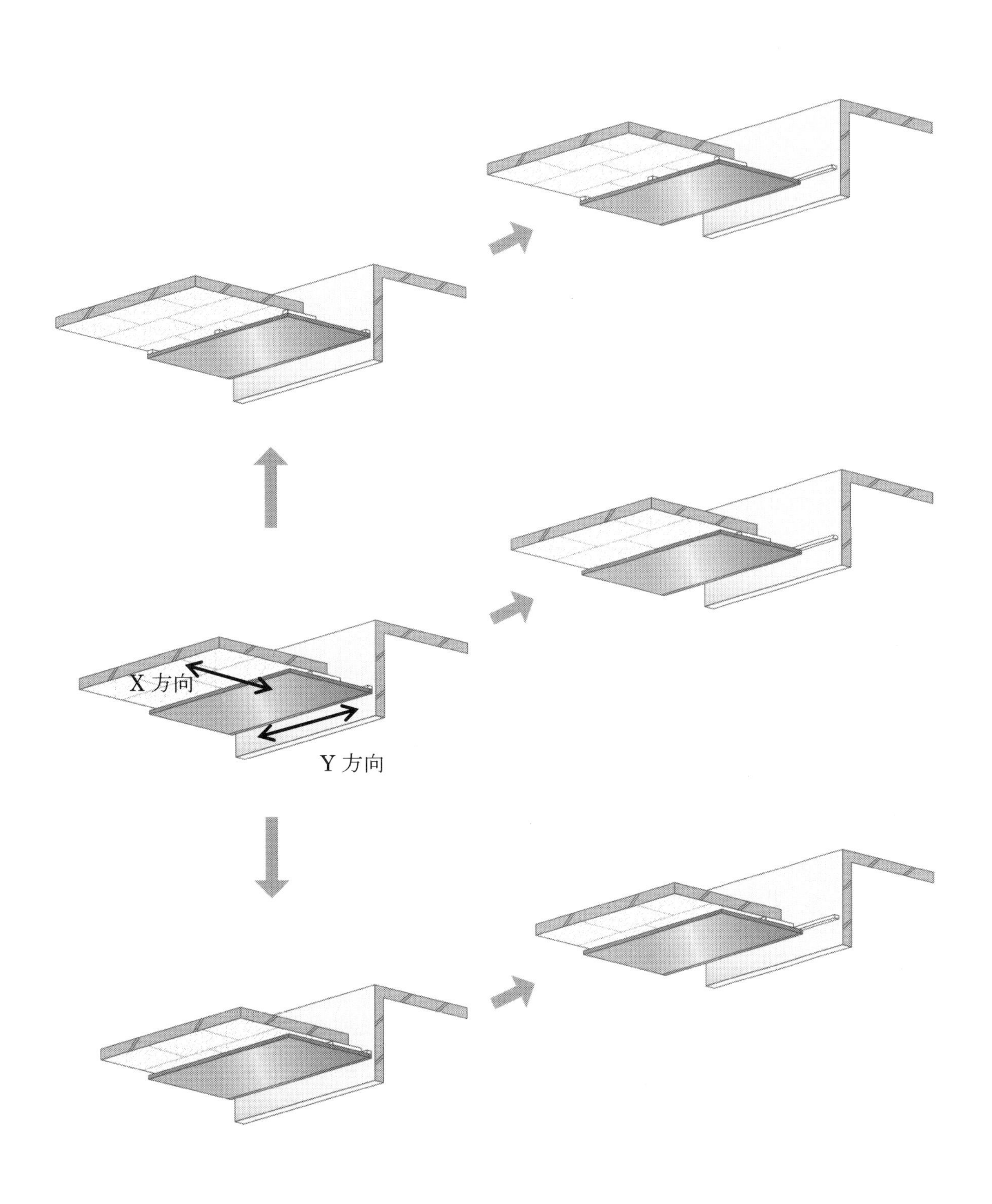

図 1.5.6 (e)　X 方向：レールスライド式　 Y 方向：レールスライド式

第２章　目標性能

2.1 目標性能

設計者は建築主と合意の上、免震 Exp.J の目標性能を定め設計図書に明記するとともに、目標性能を満足できる製品を選定し設計図書に詳細図（参考詳細図）を示す。設計監理者は目標性能を確保できるよう工事監理を行う。 免震 Exp.J 製作者は要求性能を満足することを試験などで確認した製品を供給する。 施工者は設計図書に記載されている製品以外を選定する場合には、設計図書に定められた目標性能を確保できる製品を採用する。また、施工者は目標性能を確実に確保できる施工を行う。

免震 Exp.J に求められる性能は一律ではない。その建物の重要度によっても異なるし、同じ建物であっても避難経路なのか、ほとんど人が通行しない場所なのか、で異なる。また、不特定多数の人が通行するのか否か、によっても異なる。このように、免震 Exp.J に求められる性能は多様であり、コストパフォーマンスを考えて最適な免震 Exp.J を選定する必要がある。

設計者は設計にあたっては、建築主と合意の上で免震 Exp.J の目標性能を定め設計図書に明記する必要がある。また、目標性能を満足することが出来る製品を選定し、設計図書に詳細図を示す。但し、施工段階で施工者が同等以上の製品を選定することを許容する場合には、この詳細図は参考詳細図とする。施工者は設計図書に記載されている製品以外を選定する場合には、設計図書に定められた目標性能を確保できる製品を採用する。

本ガイドラインでは、免震 Exp.J に求められる最低限の性能を定めるとともに、使用箇所に最適な品質の免震 Exp.J を選定できるように、免震 Exp.J の性能指標（Performance Index）を定めることとし、各性能指標ごとにその性能をどのように確認するかを定めた。

(1) 損傷状態の定義

免震 Exp.J の性能を定義するにあたって、損傷状態を表 2.1.1 のように定義する。

表 2.1.1　損傷状態の定義

区分	状態
機能保全	変形、傾き、隙間など機能上の支障がない。地震後にも機能を確保しており無補修で継続使用可能。仕上げのすりキズやシール切れなどの軽微な損傷は可。
損傷状態 1	過大な変形、傾き、隙間がない。地震後に調整・補修で継続使用可。床段差や多少の壁の突出があるが通行に支障はない。
損傷状態 2	やや大きな損傷が生じるが、機能を喪失するような損傷はない。大規模な補修または部品の交換で再使用可。床段差や壁の突出があるが脱落はなく通行は可能。
機能喪失	脱落や機能を喪失する損傷が生じる。地震後の継続使用に支障をきたす。

ここにおいて、継続使用とは「無補修、または軽微な調整・補修で使用可能な状態」であり、再使用とは「しばらく修理などで使用不可能の時期を経てから使用可能な状態」を意味する。

(2) 目標性能の設定

免震 Exp.J に求められる基本的な性能は下記のように考えられる。

・中小地震時においては、継続使用ができない損傷が生じてはならない。また損傷があった場合でも、容易に調整・補修ができる程度でなければならない。

・設計可動量まで免震 Exp.J は、機能を損なう損傷が生じてはならない。
ここにおいて、設計可動量は極めて稀な地震動の応答変位以上とし、基本的には設計クリアランス寸法以上とする。

・人の通行のある部分は設計可動量まで床に開口が空いてはならない。また、壁に関しても人が挟まれるような隙間を生じてはならない。

・大地震後に建物に残留変位が生じても、その建物に想定した残留変位（以下、想定最大残留変位）以内であれば、免震 Exp.J に残留変形は生じてはならない。但し、人の通行がない場所に関しては、建築主の了解のある場合はそのかぎりではない。また、残留変形を容易に修正できる場合はこの限りではない。想定最大残留変位は設計者が定めるが、一般的には 50mm 程度とされる場合が多い。

これらを踏まえ、性能指標を表 2.1.2 のように分類した。設計者は建築主と合意の上で、免震 Exp.J の性能指標を設定し、設計図書に採用する Exp.J の性能指標を明示するものとする。

性能指標の分類にあたり、地震動のレベルとして、中小地震時と大地震時の 2 段階のレベルを定めた。中小地震時とは、震度 4～5 弱程度で建物の供用期間中に数回受ける可能性のある地震動であり、免震 Exp.J に生じる変位は免震層で 50mm 程度を想定する。大地震時とは震度 5 強以上の地震動で建物が供用期間中に受ける可能性のある最大級の地震動であり、免震 Exp.J に生じる変位は設計可動量となる大変位を想定する。また、各性能指標ごとに性能の確認方法を定めているが、性能指標が上位であるほど厳しい条件の試験を行うこととしている。

ここにおいて、振動台とはアクチュエーターなどにより高速加振が可能なものを意味し、100cm/s 以上の高速加振や地震動の再現加振ができるもので、上下動や回転成分を含んだ 6 自由度の加振ができるものも多い。加振台は手動やフォークリフトまたは電動モーターにより 2 次元の加振ができるもので、振動台ほど高速な加振や地震動の再現加振は出来ない。試験方法などに関しては第 4 章に記載している。

免震 Exp.J は建物に設置すると可動試験を行うことは非常に困難である。このため、目標性能を有しているか否かを直接的に確認することはできない。このため、製品段階で十分に試験を行い、目標性能を有していることを確認することとしている。地震時に免震 Exp.J に作用する動きは複雑であり、設計時に完全に把握することはできない。また、設置条件が試験時のものとやや異なる場合もある。このため、試験を行った製品が、実際に地震を受けたときに目標性能通りの性能を完全に発揮できるかは必ずしも保証できるものではない。しかしながら、事前に十分な確認試験を行い、性能を確認した製品であれば、目標性能通りの性能を発揮できる可能性が高いと考えられることから、行った試験により性能指標を分類している。

ここでは、C 種が最低限のレベルであるが、この C 種はほとんど人の通行のないような場所に適用するものであり、人が通行する場所では B 種以上とすることが望ましい。また、A 種は最上級の性能指標であり、地震時の激しい動きに対し損傷しないことを振動台試験により確認しているものである。振動台は非常に高価なものであり、製作者が独自で保有することは難しいのが現実であるが、製作者は振動台を保有しているところに委託し、性能確認試験を多くの製品で行ってほしい。また、振動台試験を行うことにより、製品のコストは高くなると思われ、設計者は無暗に A 種を指定することなく、建物の重要度や免震 Exp.J の使用条件に応じて建築主との合意のもとで、その場所に適切な性能指標の設定をする必要がある。

表 2.1.2　免震 Exp.J の性能指標の分類

性能指標	中小地震 変位 50mm 程度	大地震 設計可動量	確認方法	使用箇所 （参考）
A 種	機能保全	機能保全	設計可動量まで損傷しないことを振動台試験により確認する。（振動台の可動量が小さい場合にはオフセットして試験することも可とする）	避難経路 人・車の通行の多い箇所
B 種	機能保全	損傷状態 1	設計可動量において軽微な損傷であること振動台試験により確認する。 または、 設定可動量まで損傷しないことを加振台試験により確認する。	人の通行のある箇所
C 種	損傷状態 1	損傷状態 2	図面により可動することを確認するのみ。	ほとんど人の通行がない箇所

現実的に考えると、各建物ごとに性能確認試験を行うことは困難な場合が多い。特に振動台試験は製作者が振動台を保有していないため、各建物ごとに試験を行うことは非常に難しい。このため、免震 Exp.J の製作者は事前に各種の試験を行い性能を確認しておくことが望ましい。

免震 Exp.J は様々なタイプがあり、また建物の設計条件ごとに異なる条件もある。すべての条件のもとで事前に試験を行っておくことは困難であると思われるので、各製品のタイプごとに基本的な仕様に関して事前に試験を行っておくことを推奨する。本ガイドランでは、事前に試験を行い性能を確認している製品を標準品と呼んでいる。実際に建物に採用するものが、標準品の試験条件と異なる場合には、設計者の判断で実状に合わせた性能試験を施工段階で行う必要がある。設計者は設計段階で選定した製品の条件が標準品と異なると判断される場合には、施工段階での試験の必要性の有無、試験方法などを設計図書に記載するものとする。この際に A 種の製品でも、案件対応として振動台試験を行うことが困難な場合が多いと思われるが、基本的な機構の変更でない場合には、加振台で試験を行い損傷がなければ A 種と考えても良いものとする。

2.2 目標性能の表示

設計者は設計図書に免震 Exp.J の性能指標や設計可動量などの必要諸元を明示する。

設計者は建築主との合意の上で、各所の免震 Exp.J の目標性能を定め、それを設計図書に記載する必要がある。また、免震 Exp.J は仕上荷重や積載荷重により損傷や過大なたわみが生じてはならないことは当然であり、外部に用いられるものでは暴風時の風圧力により損傷してはならない。このため、設計図書には性能指標や設計可動量だけでなく荷重条件なども示す必要がある。また、設定した目標性能を満足できる製品が製作できることを、メーカーに確認し詳細図（参考詳細図）を設計図書に記載する。採用している製品が標準品の仕様と異なると判断される場合には、必要とする確認試験方法も明示するものとする。

設計図書記載上の留意点は「第 3 章 3.4 設計図書記載上の留意点」に示す。

2.3 目標性能の確認

設計者・工事監理者・製作者・施工者は設計図書に記載された目標性能を免震 Exp.J が有していることを製作、施工の各段階で確認する。

2.1 で述べたように、免震 Exp.J は設置した後に可動試験することが困難なことから、実際の地震を受けないと目標性能を有しているかを確認することはできない。しかしながら、免震 Exp.J の製作や施工の各段階において、図面・書類を確認するとともに可動試験、製品検査、設置検査などを行うことによって、地震時に目標性能を十分に発揮できると考えられる。製作、施工の各段階の検査の詳細については、「第 5 章 施工上の留意点」「第 6 章 検査上の留意点」に示す。

第３章　建物設計上の留意点

3.1 基本事項

> 設計者は、本ガイドラインに示す免震 Exp.J に関する建物設計上の基本事項に従い、免震 Exp.J が目標性能通り機能するように建物および免震 Exp.J の設計を行わなければならない。

(1) 免震 Exp.J の設置場所とそのあり方

免震 Exp.J は、免震建物と「地盤」や「その他の建物」との境界部分に位置し、地震時の相互の変位に追従しながら相互を連結する役割を持つ。免震 Exp.J は人や車への安全性や免震建物の機能維持などの重要な役割を担っているため、その設計は免震部材の設計と同様に十分な配慮が必要となる。

免震 Exp.J の設計については、意匠性・機能性を優先して人への安全性を疎かにしてはならない。地震時に十分に機能するとともに人に対し最も安全な免震 Exp.J を設計することを基本とする。

(2) 免震 Exp.J の特殊性

免震 Exp.J は、一般建物の Exp.J よりはるかに大きな変位に追従しなければならない。水平方向の前後左右のあらゆる方向に対して発生する最大変位量に追従しなければならない。また、地震後の残留変位を吸収する機構を持たせることが必要であることを認識する必要がある。

建物に残留変位が生じても免震 Exp.J 部に残留変形が残らないように免震 Exp.J のクリアランスを十分確保する必要がある。また、中小地震程度では免震 Exp.J 部材がせり上がったり、部材同士がぶつかり合ったりしないようにクリアランスを確保する必要がある。

(3) 免震 Exp.J の設置場所の違いによる設計の配慮

上部構造部の上層に位置する免震 Exp.J や免震建築物と別の免震建築物とを免震 Exp.J で結ぶ場合などでは、地震時の建物の変形による水平方向の変形だけでなく、回転方向の動きや上下方向の動きも生ずるので注意が必要である。免震層から下層階へ向かって懸垂されるエレベーターシャフトなども同様な現象となるため注意が必要である。

(4) 安全性への配慮

免震 Exp.J 部分は、地震時には必ず動くものであるため、設置する場所に応じて十分な配慮が必要である。特に建物の出入り口や避難経路や建物間の連絡通路などの人や車などの利用の多い部分に免震 Exp.J を設置する場合は、より高い安全性を確保しなければならない。

免震 Exp.J 部分の機構の工夫だけで安全性が確保できない場合は、可動部にスペースを設け、人や車の侵入ができないように区画壁や柵、手摺などの安全区画を設置するなどの安全対策が必要となるとともに、地震時にどのように動くかを表示して注意を喚起することが望ましい。

免震建物である表示は義務付けられているが、免震 Exp.J 部の表示については特に規定がない。しかし、免震 Exp.J の可動により人や車の通行等に支障が出る場所には危険防止サインの表示設置が必要である。免震 Exp.J 部周辺で設備の配管配線の更新や仕上げの更新が頻繁に行われる場所については可動範囲やその範囲内の注意喚起を表示することが望ましく、設計者は設計図書にサイン関連の仕様などを明示することを基本とする。

(5) 免震 Exp.J の設計

設計者は第 2 章で定められた免震 Exp.J の目標性能を定め、第 3 章 3.4 の設計図書へ反映すべき諸項目を明示し免震 Exp.J の設計を行う。設計監理者はその目標性能を確保できるように工事監理を行う。

設計者は免震 Exp.J の使用箇所ごとに性能指標を決定し、意匠上は免震クリアランスの位置、設計可動量、機構、納まり、仕上げなどの設定を行い、構造上は固定荷重、積載荷重、風荷重条件、最大応答変位量、想定最大残留変位量などの設定を行う。

設計図書には設定した性能指標、免震 Exp.J の最大可動範囲を表記し、必要に応じてその範囲内の注意書きを記入する。

設計者は第 4 章の「製品設計・製作上の留意点」も参照し、必要に応じて早い段階で製作者と協議する。免震 Exp.J が複雑な機構で標準品と著しく異なる場合には、設計者は施工者・製作者とで十分な協議を行い、振動台や加動台での試験を事前に行うなど設計の妥当性を確認することが望ましい。設計図書への表記が、建築主や建物管理者への取扱説明書や維持管理・点検計画の基本となるよう心掛ける。

設計者は免震 Exp.J の新たな機構を設計する際、特許関連について十分調べる必要がある。

(6) 機能性の発揮と保持、財産の保全

免震 Exp.J については、免震建物全体や免震材料の特性を十分に考慮し、その設置位置での設計可動量に対し、地震時にその機能を十分発揮できるようにしなければならない。設計者は、免震 Exp.J が地震時に免震建物としての動きを阻害しないように、また建物や免震 Exp.J まわりを破損しないように設計しなければならない。

免震 Exp.J については、利便性や意匠性を重んじるあまり免震 Exp.J が免震機能を阻害しないように注意する必要がある。特に複雑な構成となる場合や仕上材の寸法や重量が大きい場合は、免震 Exp.J の本体・下地・仕上げの全てにおいて強度や剛性等に対する設計上の注意が必要である。

(7) 施工性を考慮した設計

免震 Exp.J は、本体・下地・仕上げとも取付けが確実で取り外しが容易なものとする。設計者は地震時の設計可動量と施工誤差を吸収できる機構、納まり、クリアランス、部材寸法の各設定を行い、地震時の作動を確実なものとする。最大可動範囲を設計図書に明示し、設計監理者は施工図や製作図への表示をするよう伝達指示をする。

(8) トータルな機能性・信頼性を発揮する設計

免震 Exp.J は、本体の強度と剛性、その取付け部の強度とその取付け方法、仕上部の強度とその厚さ、荷重、下地材の強度と剛性、下地と免震 Exp.J 本体との取付け方法、下地と仕上げの取付け方法など、免震 Exp.J を構成する各部の部材がバランスよく機能を発揮するように設計を行う。

下地については十分な耐力と剛性を確保した設計を行わなければならないが、下地に作用する荷重に関しては場合により、設計条件として製作者に提示を求める必要がある。

石などの重量物を仕上げに貼ることは仕上材そのものの損傷の危険性が高く、損傷した場合の危険性も高いので避けるべきであるが、止むを得ず、重い仕上げを貼る場合には、強度や剛性を十分に高め、安全に作動することを振動台試験などで事前に確認する必要がある。

(9) 耐久性、メンテナンス性を考慮した設計

免震 Exp.J は、使用場所の環境に応じて耐久性を考慮した機構と材料を選定する。ごみや雨水の流入により機能を損なわないように配慮する、また、点検時に、目視点検や簡単な機能点検が容易に行え、本体・下地・仕上げの取替えや更新が容易なものとする。

目視による点検や本格的な点検、取替えが可能となるように、免震 Exp.J パネルの開閉機構や取り外し機構の付加、点検口の設置や取替えのための改め口の設置などが望ましい。免震 Exp.J の奥に雨水樋や防火帯などが位置している場合それらのメンテナンスもできるように免震 Exp.J にて配慮が必要な場合もある。

多雪地域での対応としては積雪荷重を見込む他、免震 Exp.J パネル周辺への積雪や凍結による可動機構の障害に注意する。また、除雪作業において免震 Exp.J パネルなどが損傷しないよう、強度及び仕上げ仕様設定時に配慮する。

(10) 経済設計

免震 Exp.J は、安全性を考慮し使用の箇所数および使用範囲を最小限に抑える設計が望ましい。施工性を考慮することで工事費を抑えることができ、堅牢でメンテナンスフリーの材料構成や更新の容易性を考慮することにより、メンテナンスコストの低減を行うことも可能となる。

また、免震 Exp.J の納まりを単純化するとともに本体・下地・仕上げの寸法の縮小化や軽量化を図ることで、可動部の作動性を向上させることも可能となる。

建物外周接地部（犬走り部）に代表される、免震 Exp.J がコンクリート躯体のみで取り合う単純な構成は耐久性、安全性、経済性があり多用すべきである。ただし、免震層への雨水の流入を防止するネオプレンゴムなどの水返しなどが必要となる場合がある。

(11) 設計の妥当性の確認と設計図書への明示

免震 Exp.J 製作者の標準品を使用する場合は、可動試験などが行われた信頼性のある製品であることを確認する。標準品の寸法、仕様や納まりなど設計変更する場合もその製作者との十分な打合せを行い、製品本来の機能が発揮できることを確認し、変更箇所を設計図書に明示する必要がある。

設計者が新たな免震 Exp.J を考案する場合、構造設計担当者に各免震 Exp.J 設置部での基本的な要求性能（最大変位量など）を確認し、それらを満足させる設計を行う。必要に応じて製作者・施工者と検討・打合せを行い、それらの与条件と目標性能の確認方法を設計図書に明示する必要がある。

免震 Exp.J の性能指標に合わせ、下記 3 つの確認を選択して実施するように、設計図書に性能確認の方法を明示する。

①あらゆる方向の動きの最大可動範囲を設計図書に表現して確認する。

②加振台にて作動試験を行い確認する。

③振動台での動的試験を行い確認する。

①については必ず行い、②③については免震 Exp.J の性能指標に応じて行う。ただし、事前に試験確認された標準品を使用する場合は省略できるが、標準品と異なる納まりや設計条件の場合には必要に応じて試験を行う。詳細は第 6 章の記述を参照する。

(12) 取扱説明書

建物内における免震 Exp.J の設置位置と可動範囲、その目的・機能・性能の説明、維持管理の説明、構造性能評価書記載の関連事項など免震建物の取扱説明書の基本となる事項を設計図書に明示し、建物完成時には設計者、製作者、施工者による、建築主、建物管理者向け取扱説明書に反映させる。

免震 Exp.J 部にも定期的点検、維持管理および地震時の応急点検、維持管理が必要であること、想定を超える地震が発生した場合は免震 Exp.J が損傷する可能性があることなどを設計図書に明記し、取扱説明書などに反映するとともに、建築主、建物管理者に周知することが望ましい。

免震 Exp.J の可動範囲内に障害となるものを後施工したり、可動する目地部にシールなどを後施工しないように注意喚起する記述も必要となる場合がある。

(13) 免震 Exp.J を新たに設計する場合の注意

信頼性のある製品を選択することを基本とするが、施工中に設計者が製作者の標準品を設計変更し、新たに免震 Exp.J 機構を考案する場合、第 4 章の製品設計・製作上の留意点を参照し、製作者・施工者との打合せを早い時点で十分行う必要がある。その際、変更・考案した機構が特許に抵触するか否かを確認する必要があり、抵触する場合は、権利を所有している者の許諾が必要となる。

3.2 部位別の留意点

> 本ガイドラインに示す、免震 Exp.J に関する設計上の部位別留意点に従い、免震 Exp.J の各部の設計を行う。

(1) 床部免震 Exp.J 設計上の留意点

変位時に歩行に障害が出るような開口が床に空いたり、大きなせり上がりなどがないように、また地震後に危険な残留変形が残らないようにする。特に、人の通行の多い避難経路・出入り口部分などは十分注意して設計する。

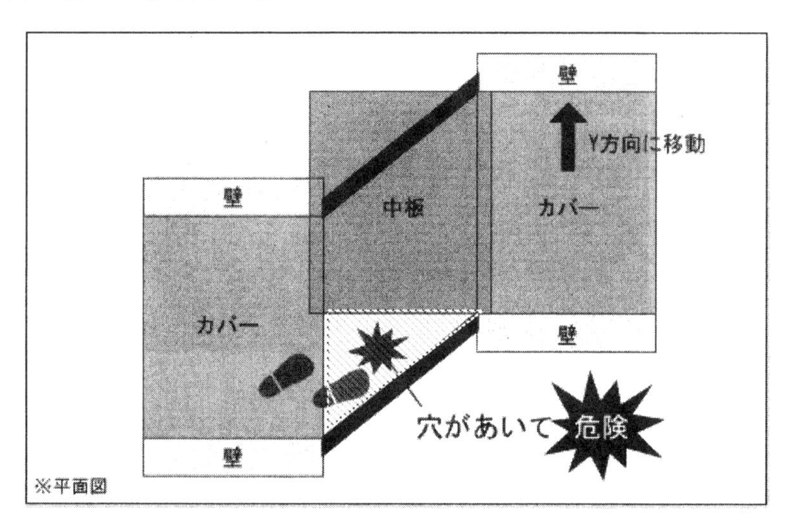

図 3.2.1 免震 Exp.J の危険な変位

・図 3.2.1 のような場合の対策としては床版の中板を大きくしてカバーするか、変形と同時にふさぎ板が形成される仕組みを持たせるなどの方法がある。
・人や車の通行部以外に設置された床部免震 Exp.J の可動範囲内には、人や車が入れないように柵や擁壁、フェンス、密植した樹木などで隔てる工夫が必要である。
・防火区画、防煙・遮煙区画などを形成する区画扉や避難扉の開閉軌跡内には、床部免震 Exp.J 可動部を設置しない。(相互干渉により区画の形成が破れ、防災性能や避難機能が阻害される危険がある)
・床部免震 Exp.J の仕上げと周辺の他の部分の床仕上げとに大きな段差ができないように、また歩行部の表面は防滑性をもち、一般床と床部免震 Exp.J それぞれの防滑性の値が大きく異ならないように、納まりの検討と仕上材の選定を行う。床段差の基準については建物用途・規模に応じてハートビル法、行政の条例や整備指針や基準など、および長寿社会対応住宅設計指針や住宅性能表示基準など高齢者配慮の基準値を遵守する必要がある。(「住宅性能表示基準の高齢者等配慮対策等級」では段差と認められない基準は設計値で「3 ミリ」、施工値で「5 ミリ」以下である) ただし、床部免震 Exp.J に段差が全くないと施工誤差により可動時に接触して破損する恐れがあるため極力段差を抑え、かつ可動性を阻害しない工夫をすることが望ましい。
・人の通行部については、免震 Exp.J の可動部の存在が識別できるようにする工夫 (色の違い、材料の違い、ボーダーラインなど) も危険防止につながる。

・床部免震 Exp.J まわりの仕上げとしては、毛足の長いカーペットなどの柔らかい沈み込みの大きい仕上げは適さない。また、可動部とその周辺部は表面の凹凸が大きな仕上げや摩擦係数の高い材および摩擦係数が大きく異なった仕上材の併用なども歩行上の危険が増すため注意が必要である。

[機構別の留意点]

床、壁、天井とも免震 Exp.J が連続する場合、床にX方向スライド式、Y方向にレールスライド式を使用する場合が多いが、レールの滑り不足、ストッパーの強度・剛性不足、下地の強度・剛性不足にならないように全ての構成部材が強度・剛性を確保した設計とする。

(a) スライド式

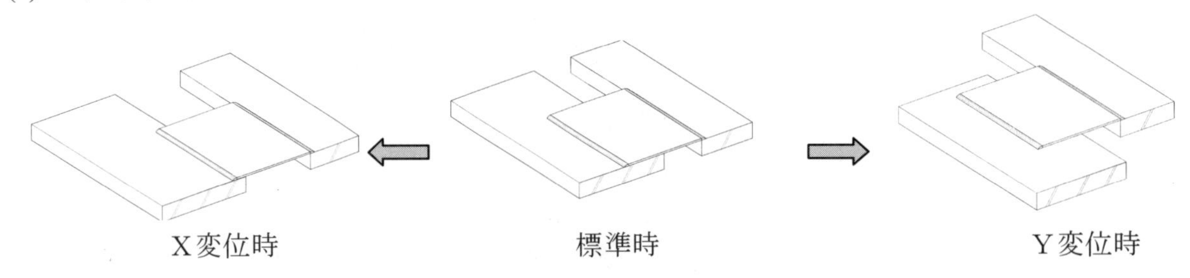

図 3.2.2 スライド式可動図

・スライド可動範囲の仕上材および受け金物や見切り金物のレベルが、可動するカバーの先端金物のレベルよりも高くなると、変位時に先端金物が接触して変形し、受け側の仕上げや金物などが破損する恐れがあるので、各部の変形時のレベル差を確保する。後施工の仕上げの増し張りや塗り重ねによるレベル増に対する注意を、設計図書に示し、取扱説明書に反映することが望ましい。

・スライドの可動範囲内に工作物（手摺支柱・消火器・看板サイン他）などを後施工しないように設計図書に最大可動範囲を図示し、必要に応じて注意喚起サインなどの設置を記す。

・スライド部間隙の溝を後施工のシールでふさがないよう設計図書または取扱説明書に明示する必要がある場合もある。

(b) 片側せり上がり式（先端可倒タイプもあり）

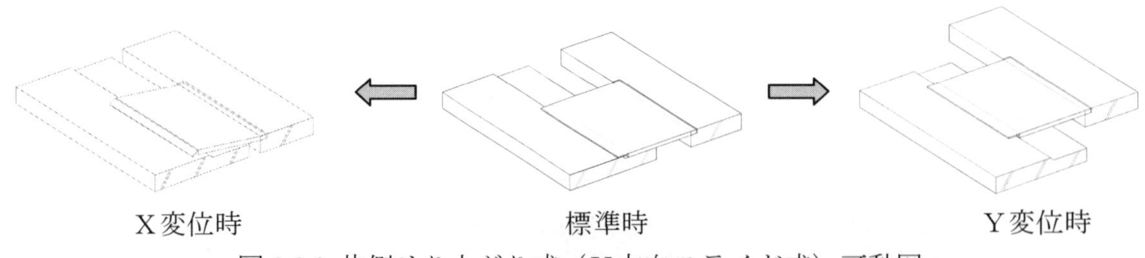

図 3.2.3 片側せり上がり式（Y方向スライド式）可動図

・先端部の形状およびその受け部の形状をともに滑りやすくする必要がある。

・先端可倒タイプはせり上がり時にはより安全な状態となるため、人の通行のある場所での使用は望ましい。ただし、先端カバーがその可動範囲の仕上げや見切りなどに接触して破損しないように各部のレベル差の設定と仕上材、見切材の設定に注意する。
・建物に想定最大残留変位が生じてもパネルに残留変形が残らないようにクリアランスを確保する。中小地震程度ではせり上がらないようにクリアランスを確保する必要がある。

(c) 両側せり上がり式（先端可倒タイプもあり）

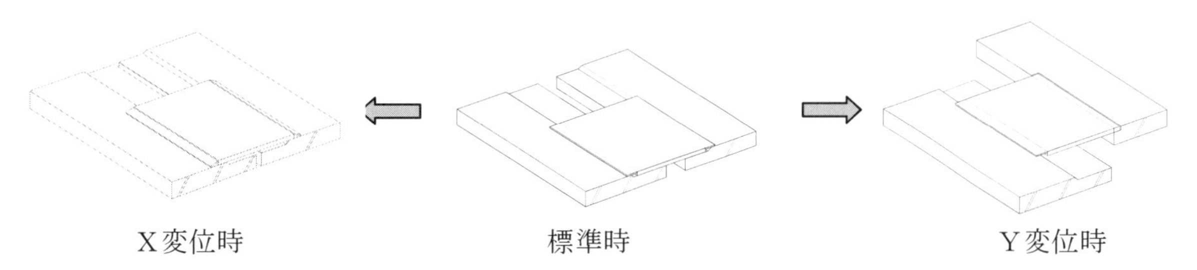

図 3.2.4 両側せり上がり式（Y方向スライド式）可動図

・片側せり上がり式よりも変位時のせり上がりが少なく比較的安全な機構である。先端可倒タイプは隙間が小さくなりより安全であり、人の通行のある場所では先端可倒タイプの使用が望ましい。ただし、先端金物がその可動範囲の仕上げや見切りなどに接触して破損しないように各部のレベル差の設定に注意する。
・建物に想定最大残留変位が生じてもパネルに残留変形が残らないようにクリアランスを確保する。中小地震程度ではせり上がらないように十分なクリアランスを確保する必要がある。

(d) のみこみスライド式（XYとものみ込みスライド式、Yレールスライド式）

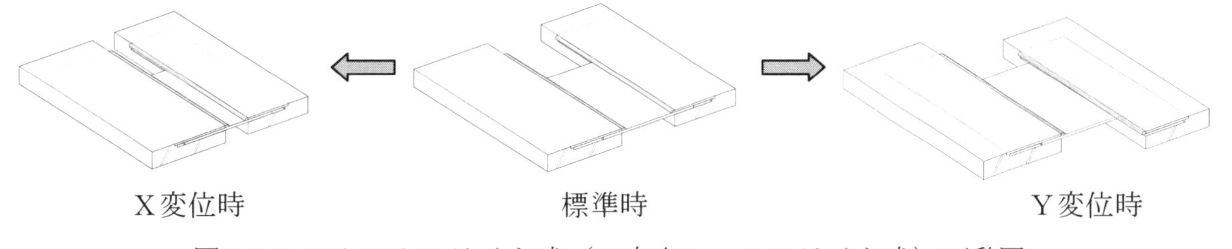

図 3.2.5 のみこみスライド式（Y方向レールスライド式）可動図

・最も安全な機構であるが、スライド上部パネルの強度・剛性や仕上げの厚みなどの配慮が必要となる。また、段差を小さく押さえる場合、適度な歩行感のある材の選定や、歩行の安全のため仕上げの滑り摩擦も並行して検討することが望ましい。

(e) レールスライド式（X方向のみ込みスライド式）

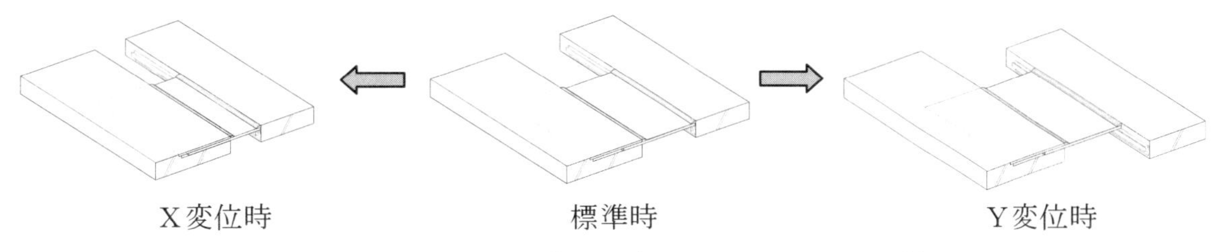

図 3.2.6 レールスライド式（Y方向レールスライド式）可動図

・雨がかりのレール部は、ゴミや土がたまり作動しにくくなる恐れがあるためゴミや土が流入し堆積しないような納まりとする。
・レール部の固定アンカーのピッチおよび強度を検討して設計図書に反映する。

(f) 伸縮式

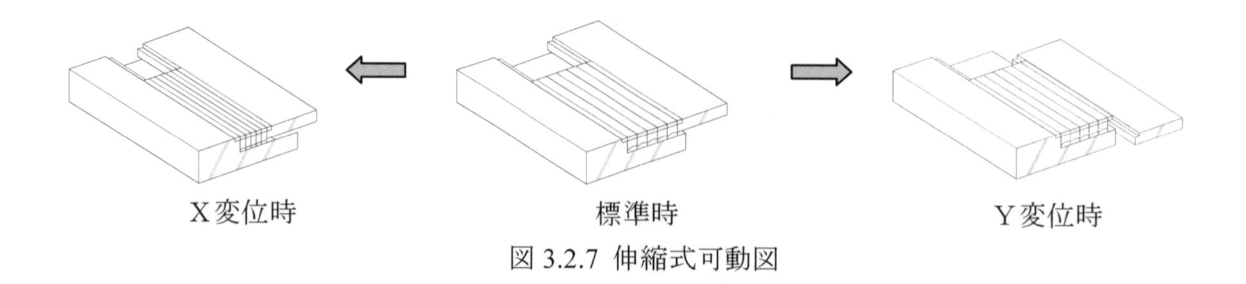

図 3.2.7 伸縮式可動図

・蛇腹や複数のスライド板、櫛目の噛み合わせなど伸縮の機構は多種あるが、変位時に人や物が落下したり、挟まれないように安全な納まりとし、複雑な機構となる場合は試験による作動の確認が望ましい。特に仕上げについては伸縮に追従しながら伸縮時も安全な歩行が可能な配慮が重要となる。
・収縮時に部材の厚みが残るため、クリアランスは設計可動量以上が必要となる。

(2) 壁部免震 Exp.J 設計上の留意点

人の通行する箇所では変位時に壁部免震 Exp. J 部に身体がはさまれるような危険な隙間が生じたり、壁が大きく突出して通行を妨げないように設計する。また、それらの変形が地震後に残らないようにする。

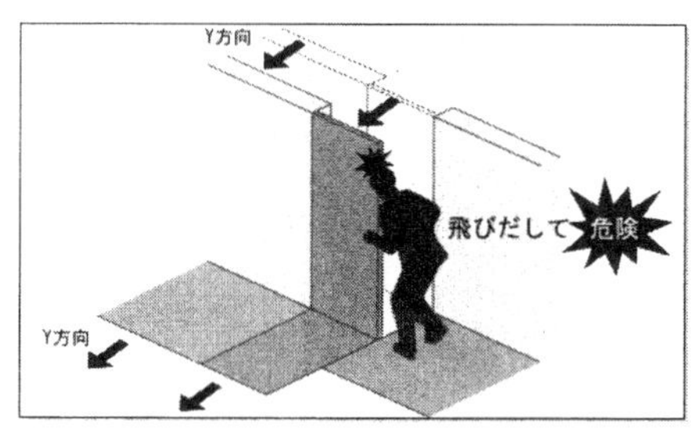

図 3.2.9 壁面パネルの突出例１

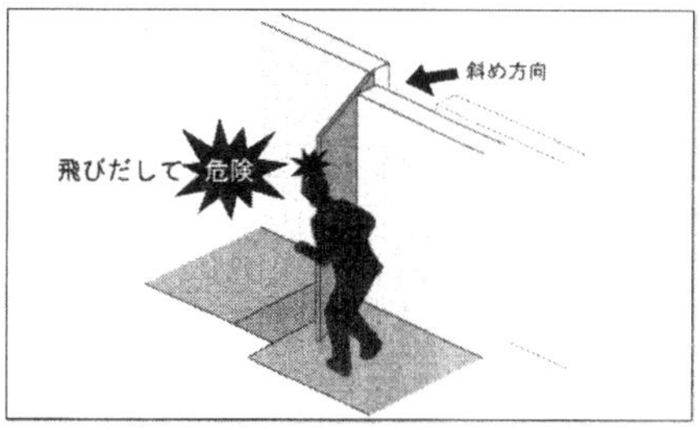

図 3.2.10 壁面パネルの突出例２

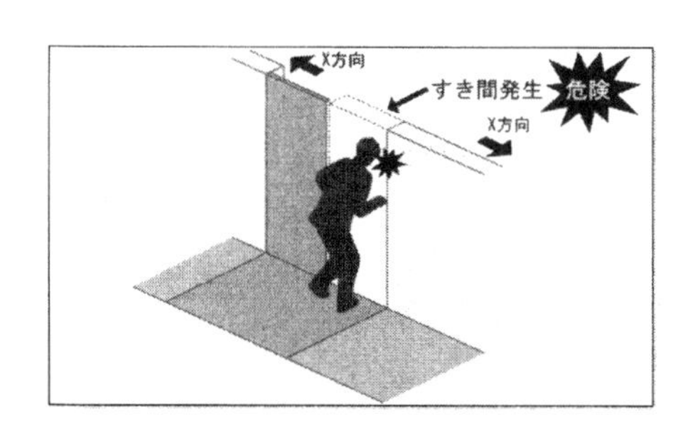

図 3.2.11 壁面パネルの隙間

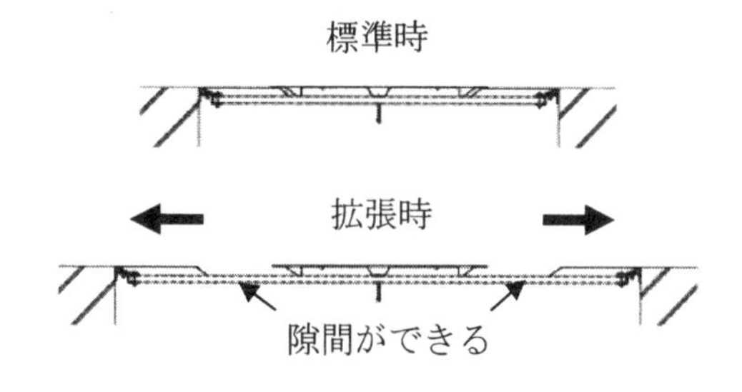

図 3.2.12 両側せりだし式の作動時の隙間

・壁部免震 Exp.J の変位時に床との取合い部で床面に開口が空かないようにする
・地震時の層間変位により階の上下で回転角が生ずるため、この回転角にも追従する設計を行う。上下方向に長い壁部免震 Exp.J はこの点を特に留意する。
・壁部免震 Exp.J は天井部免震 Exp.J および床部免震 Exp.J と連動する場合が多く、相互にスムースな可動ができるよう取合い部の納まりを十分配慮する。取合い部が複雑な機構となる場合、床、壁、天井を組み合わせた可動試験などで確認することが必要である。
・免震 Exp.J カバーの仕上げに石などの重い仕上げを取り付けると地震時の挙動が他の部分から遅れたり、下地に大きな負担をかけるため、極力避ける。止むを得ず重い材を使用する場合は、十分な強度のある下地と確実な取付け方法を選定し、可動性を試験などであらかじめ確認する必要がある。

[機構別の留意点]

いずれの機構でも､壁だけではなく床･天井との相互の動きを注意して設計する必要がある。また地震後に元通りに復元し残留変形が残らないように、ばね、レールなどの強度・剛性とその取付け強度を確保する。X方向およびY方向とも最大可動範囲を設計図書に表記することを基本とする。

(a) スライド式（X方向）・ヒンジスライド式（Y方向）

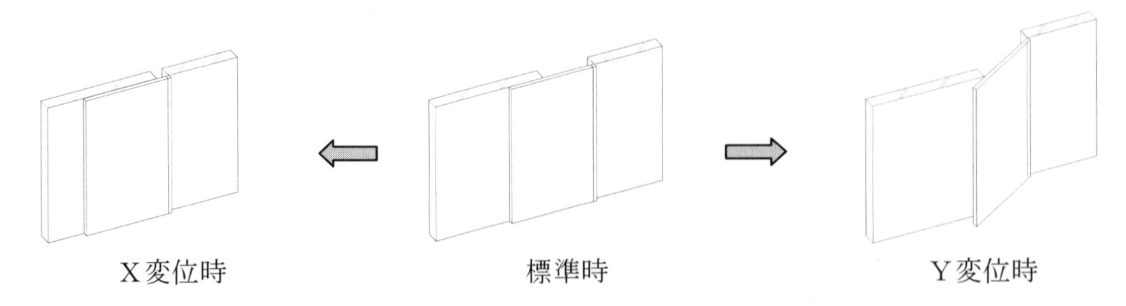

図 3.2.13 スライド式・ヒンジスライド式可動図

・Y方向の大きな変位でカバーが大きく室内にせり出して大きな隙間もできるため人の通行のある箇所には不向きである。
・X方向の大きな変位でスライドパネルが壁仕上げや見切りなどに接触しないようにするためスライドパネルと壁仕上げのクリアランスを確保するとともに、仕上げの凹凸を抑えた材料や不陸の出ない強度・剛性のある下地を選定することが望ましい。

(b) 片側せり出し式（X方向）・ヒンジスライド式（Y方向）

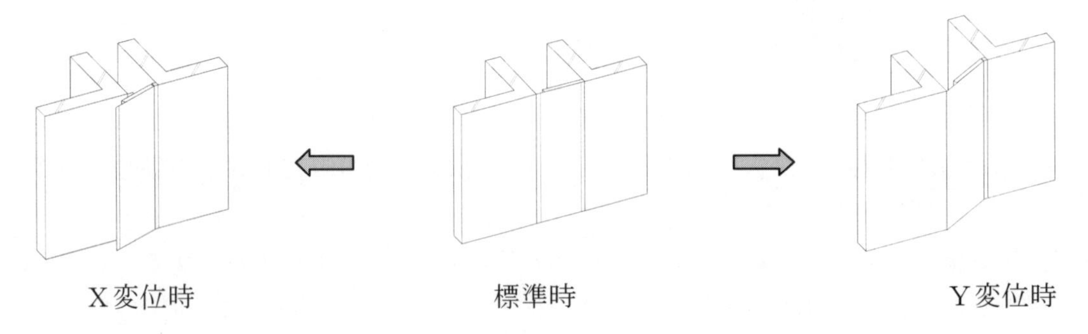

図 3.2.14 片側せり出し式・ヒンジスライド式可動図

・X方向の変位でカバーが室内に跳ね出し、Y方向の変位が加わるとさらに大きくせり出して隙間もできるため、人の通行のある箇所には不向きである。
・カバーは比較的小さくできるが、X・Y方向とも離れる変位の場合、カバーが面内方向に入って間に挟まれないように下地ガイドが必要となる。
・上記の下地ガイドは変位に追従しつつ剛性を持ち、パネルとの滑りを保つ必要がある。

(c) 片側せり出し式（X方向）・ヒンジレールスライド式（Y方向）

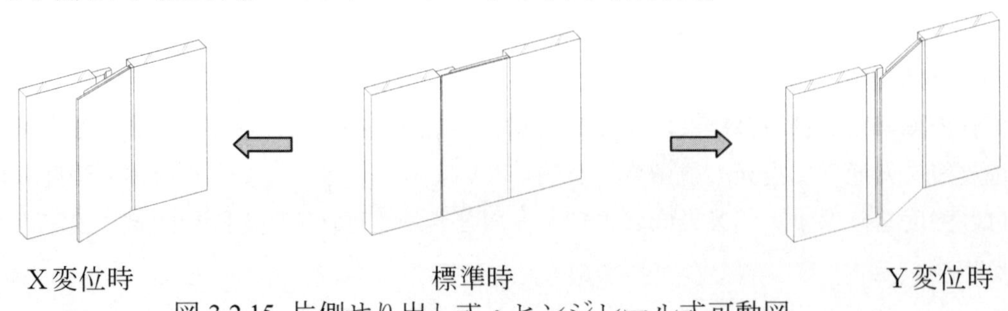

図 3.2.15 片側せり出し式・ヒンジレール式可動図

・大きな変位でカバーが大きく室内にせり出して大きな隙間もできるため、人の通行のある場所には不向きである。
・レールが想定どおり可動するように下地、仕上げとも強度・剛性を持った設計とする。
・仕上げが石などの重量物である場合、変位後の残留変形が残らないように下地やストッパーやレール本体の強度と剛性を確保する。
・仕上材の選定は免震 Exp.J に対し負担が少なく、作動し易いよう比較的軽い材料を選定することが望ましい。

(d) 両側せり出し式（X 方向）・ヒンジ伸縮式（Y 方向）

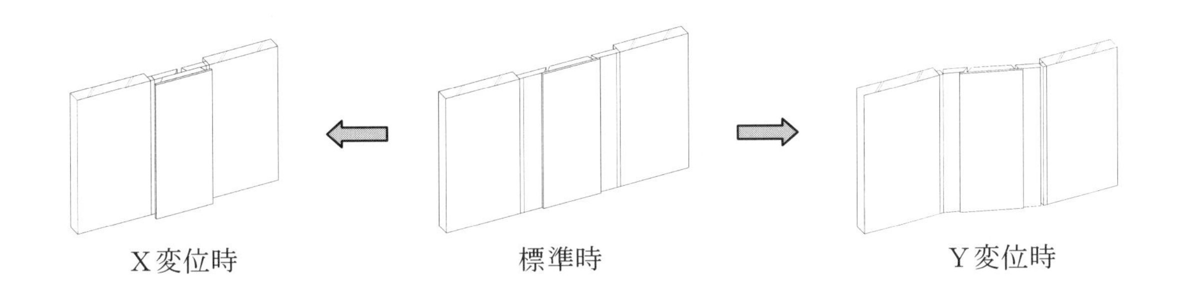

図 3.2.16 両側せり出し式・ヒンジ伸縮式可動図

・変位時に壁面からの突出が少ない安全な機構であるが、構成が複雑になる傾向があるため設計時点での各部の詳細な検討が必要である。
・クリアランスは設計可動量以上が必要となる。

(e) 伸縮式（X 方向）・ヒンジ伸縮式（Y 方向）

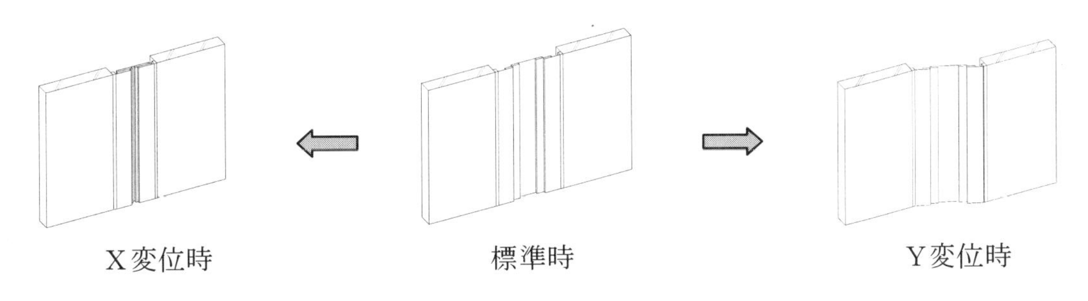

図 3.2.17 伸縮式・ヒンジ伸縮式可動図

・変位時に壁の面外に大きな突出がなく比較的安全な機構であるが、構成が複雑になる傾向があるため設計時点での各部の詳細な検討が必要である。
・クリアランスは設計可動量以上が必要となる。

(f) 折れ曲り式（X方向）・ヒンジ伸縮式（Y方向）

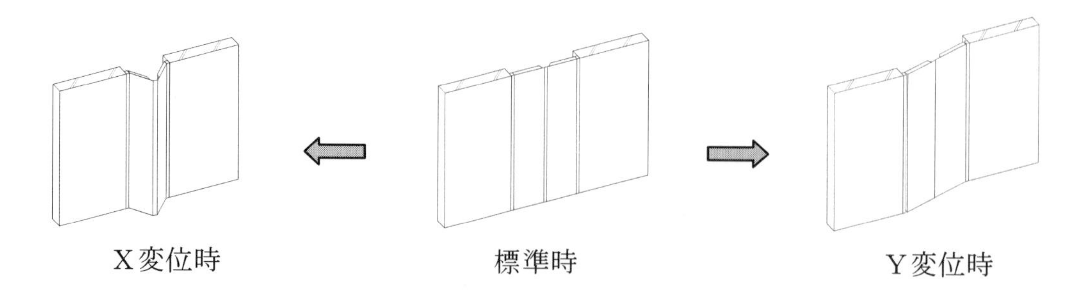

図 3.2.18 折れ曲がり式・ヒンジ伸縮式可動図

・変位時に大きな突出が生ずるため人の通行のある場所には不向きである。
・クリアランスは設計可動量とほぼ同じとすることができる。
・両サイドのパネルが地震時に波を打った状態で変位すると、パネル同士が衝突する可能性がある。また、パネルが上下に長い場合は層間変位により上下での変位量や動きが異なるため、パネル同士が衝突する可能性がある。パネル自体、および召し合わせの先端部の強度・剛性を持たせ、上下のX,Y方向とも変位量の差に追従する設計とする。
・召し合わせ部やヒンジのピン部にシールを打たないよう、設計図書に明示し取扱説明書に反映することが必要な場合もある。

(g) レールスライド式（X方向）・レールスライド式（Y方向）

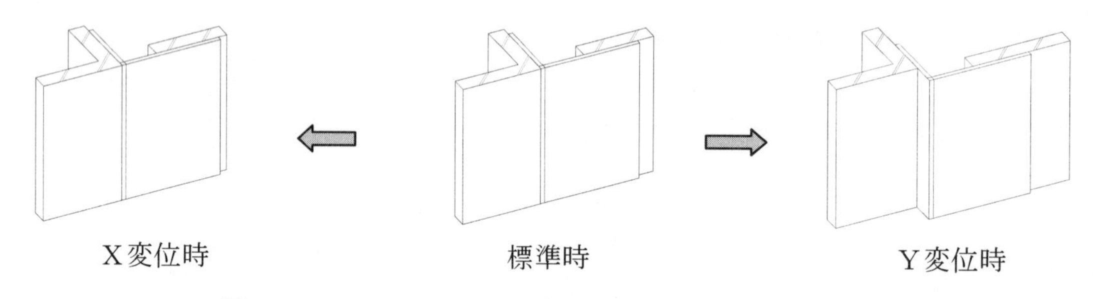

図 3.2.19 レールスライド式・レールスライド式可動図

・壁に大きな回転角が生ずる場合にレールが動かなくなる可能性があるため想定される回転角と製品に許容される回転角を確認して採用する。
・クリアランスは設計可動量とほぼ同じとすることができる。
・X方向は変位時にパネルが固定側の壁の仕上げを破損する可能性があるため、壁仕上げとのクリアランスを変位時にも一定に確保する工夫が必要である。
・X方向のパネルの仕上げに石などの重量物を取り付けると動きが遅くなり、Y方向のレールへの負担も大きくなるので比較的軽量な仕上げが望ましい。
・Y方向はレールの作動がスムースとなるようにレールと下地、取付け強度・剛性を確保する。特に、軽量発泡コンクリート板等にレールを取り付ける場合、補強材などを用いた方法を検討する。

(h) ヒンジローラー式（X方向）・ヒンジローラー式（Y方向）

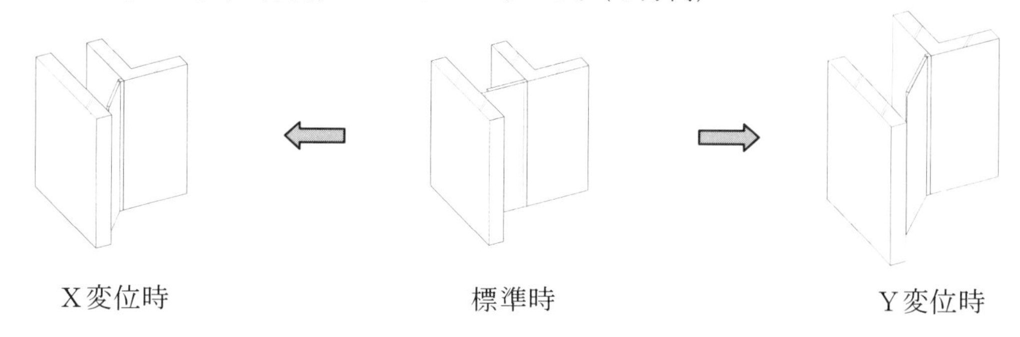

図 3.2.20 ヒンジローラー式・ヒンジローラー式可動図

・大きな変位でカバーが大きく室内にせり出して、大きな隙間もできるため人の通行のある場所には不向きである。
・クリアランスは設計可動量とほぼ同じとすることができる。
・X方向に縮む変位に対して、先端部ローラーによりパネルが回転する前に衝突し破損しないように、速い地震の動きに対しても作動するような機構とする。
・回転しやすい機構を設計するとともに、複雑で規模の大きなものは加振台や振動台にて速い振動に対して試験での確認を行うことが望ましい。

(3) 天井部免震 Exp.J 設計上の留意点
・天井ふところ内の天井下地、設備機器・ダクト・配管・配線などは天井部免震 Exp.J との干渉が発生する可能性が高く、これらを天井部免震 Exp.J 可動範囲内に通さないように計画することを基本とする。止むを得ない場合は、天井部免震 Exp.J 本体と、その周辺の天井下地との干渉防止など、慎重な設計、施工管理が必要になる。
・変位時に天井の下地や設備機器・ダクト・配管・配線に接触・破損しないように、天井部免震 Exp.J 位置と可動範囲を示し、総合的に下地位置および設備機器・ダクト・配管・配線位置とルートをあらかじめ調整する。また設計図書に可動範囲の表示とその範囲内の注意事項を記入することが望ましい。
・変位時に免震 Exp.J の本体・下地・仕上げが大きくせり出したり、落下しないように、十分な各部の強度・剛性確保と落下防止対策を行う。
・天井のふところ高さが大きい場合は天井自体の動きも考慮に入れた天井部免震 Exp.J の設計を行う。
・下地の増幅した変形で天井部免震 Exp.J に影響が残らないように天井部免震 Exp.J の下地周りを補強するとともに、周辺各部とのクリアランスを確保する。

[機構別の留意点]

スライド式以外のせり上がり式では、天井ふところ内部にせり上がる機構であるため、天井ふところ内の天井吊り下地や設備機器・ダクト・配管・配線と衝突しないようにする。天井仕上げを破損しないように、変位時も天井仕上げとの一定のクリアランスを確保する。意匠を優先してクリアランス確保を無視しないよう注意する。

いずれの機構でも、天井ふところ内の最大変位範囲を図示し設備設計担当と調整し、施工者に伝達する。建物竣工後の設備変更に対しては、注意喚起となるように可動範囲を示す吊り表示などのサインを設計図書に表示する方法も有効である。

(a) スライド式

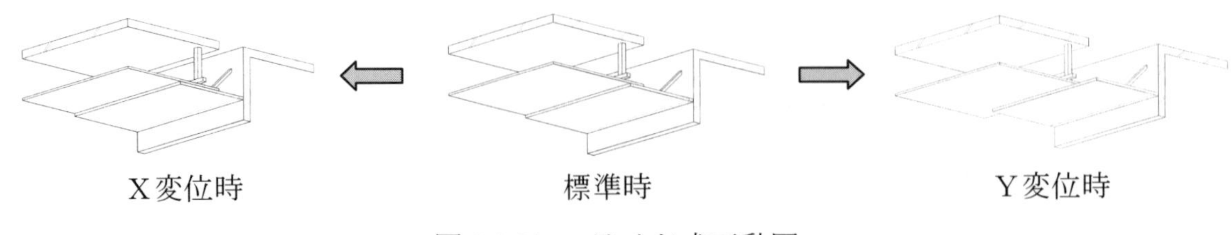

図 3.2.21 スライド式可動図

・ふところ内でせり上がりなどがなく比較的天井内に支障を与えにくい構成として、免震側にスライドパネルを固定し、ふところ内でなく天井仕上げ面にスライドさせる構成を基本とする。

(b) 片側せり上がりヒンジ式

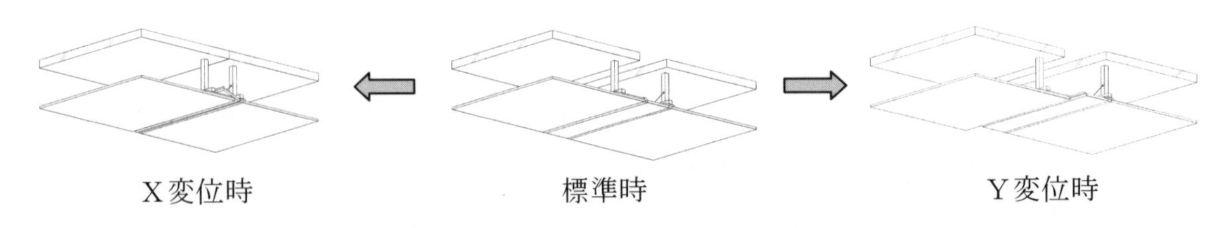

図 3.1.22 片側せり上がりヒンジ式可動図

・天井ふところ内部にせり上がる機構であるため、その際の天井ふところ内の天井吊り下地や設備機器・ダクト・配管・配線と衝突しないようにする。
・変位時に可動パネル部の天井仕上材が受け部の傾斜プレートと干渉して破損しないように仕上げ端部の保護を行う。
・本体パネルと固定側の天井とのクリアランスが小さいと建物に残留変位が生じたとき、残留変形が残るので、想定最大残留変位以上のクリアランスが必要となる。

(c) 片側せり上がりレールスライド式

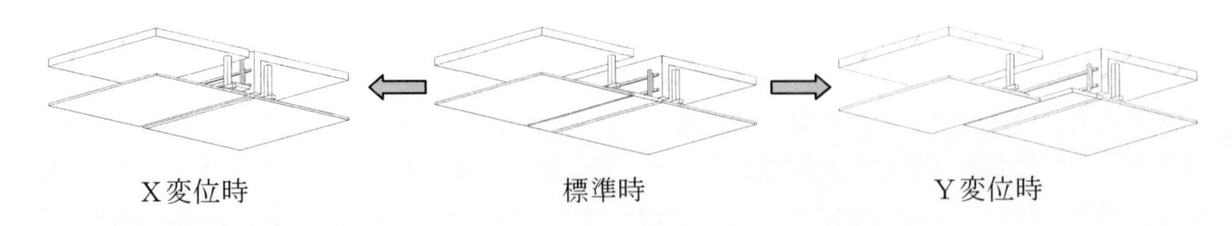

図 3.2.23 片側せり上がりレールスライド式可動図

・変位時に可動パネル部の天井仕上材が受け部の傾斜プレートと干渉して破損しないよう端部の保護を行う。意匠を優先してクリアランス確保を無視しないよう注意する。
・上下（Y方向）のレールの作動をスムースにして残留変位（ずれ）が残らないようにする。
・スライドレール機構が複雑な場合や天井仕上材の重量がある場合は、加振台や振動台にて動きを確認することが望ましい。
・本体パネルと固定側の天井とのクリアランスが小さいと建物に残留変位が生じたとき、残留変形が残るので、想定最大残留変位以上のクリアランスが必要となる。

(d) 両側せり上がり式

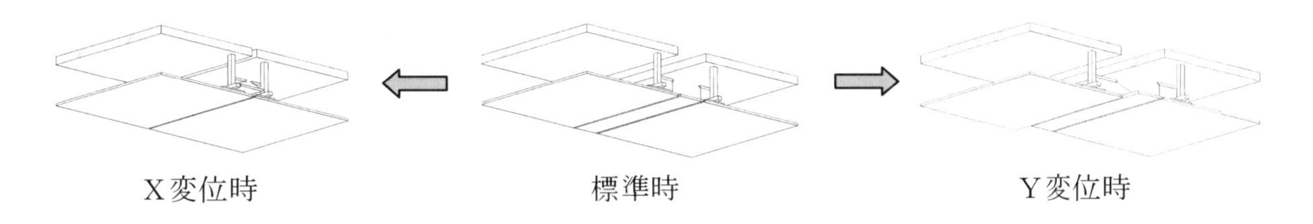

図 3.2.24 両側せり上がり式可動図

・免震 Exp.J パネルが変位時に落下しない安全配慮が必要である。
・変位時に可動パネル部の天井仕上材が受け部の傾斜プレートと干渉して破損しないよう端部の保護を行う。意匠を優先してクリアランス確保を無視しないよう注意する。
・本体パネルと固定側の天井とのクリアランスが小さいと建物に残留変位が生じたとき、残留変形が残るので、想定最大残留変位以上のクリアランスが必要となる。

(4) その他の部位の免震 Exp.J 設計上の留意点
・免震建物の外周部周りの免震 Exp.J と外構の工作物（門・塀・擁壁・車庫・駐輪場・看板・電柱他）、樹木・植栽などとの干渉を避け、十分なクリアランスを確保する。
・雨水側溝と免震 Exp.J を一体に設計する場合は、雨水の流入や土埃や落ち葉の堆積などの詰まりによる作動不良などに注意する。
・消防梯子車などのアウトリガー作動時に免震部と非免震部に跨らないように緊急車両寄り付部の安全エリアなど、設計図書への表示が必要となる場合がある。（図 3.2.25 参照）
・重量のある緊急車両（20 トン程度）や大型トラックなどの通行部に位置する免震 Exp.J は全体を強度のある部材で構成された耐圧タイプとする。

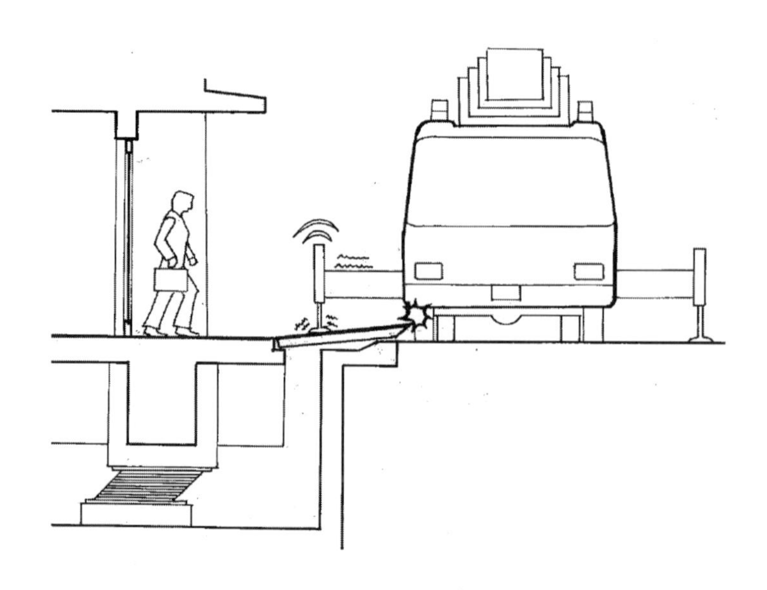

図 3.2.25　免震 Exp.J 可動範囲の安全性

・エレベーターシャフトが吊り下げ方式になるような場合は、エレベーターホールでの一定の広さの確保と、乗降者に安全な免震 Exp.J の機構を選択する。下図に各機構の留意点を図示する。

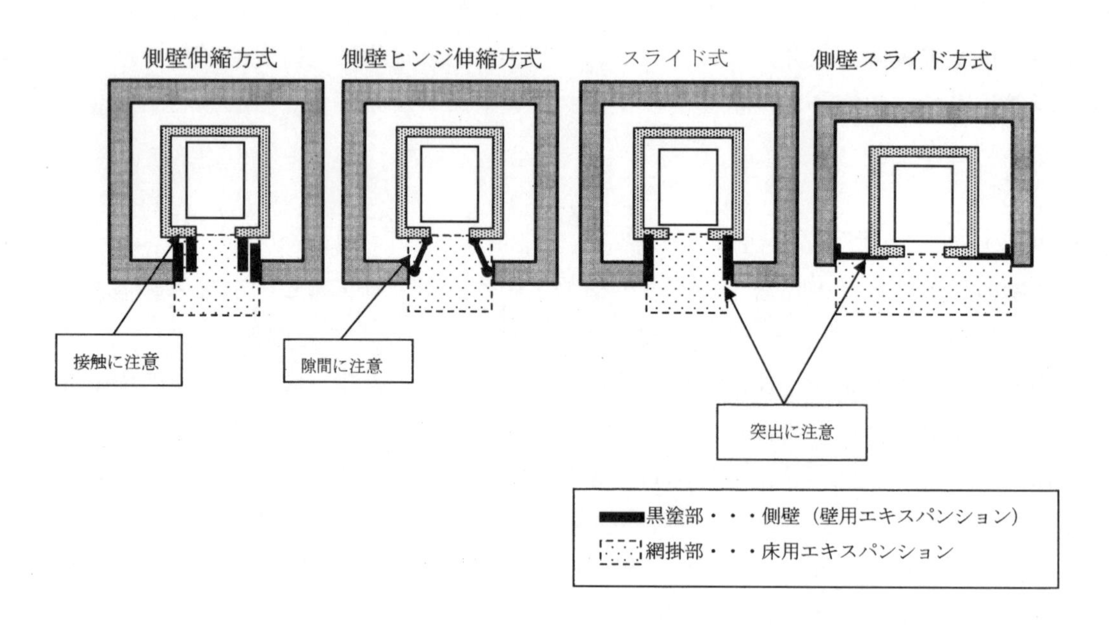

図 3.2.26 エレベーターまわりの免震 Exp.J 機構別留意点

3.3 使用材料

免震 Exp.J の使用材料は使用状況、設置環境、耐用年限などを考慮して適切な設定を行い、必要な防錆処理、表面処理などを明記する。

免震 Exp.J は機能材であるが仕上材の用途も兼ねる場合が多く、使用状況、設置環境および経験する地震の大きさと頻度によりその寿命は大きく異なるものと予測される。想定される使用条件下での疲労・腐食・経年劣化（老化）などの要因に対する材料特性（強度、耐食性、耐候性など）を設計時に考慮し、コスト面も踏まえた目標耐用年数に基づく適切な材料を選定することが大切である。発錆などによって要求性能に支障をきたす恐れのある部位については、ステンレス材やアルミ材の使用や溶融亜鉛めっきなどの防錆処理を施した鋼材を用いるなど十分な耐食性を有する材料を選定する。

(1) 鋼材

鋼材は JIS 規格品を使用することを原則とするが、JIS 規格品外の材料を用いる場合は、JIS 規格品と同等以上の性能を有することが確認できるものを使用する。

鋼材の使用材料はパネルなどには SUS304（JIS G 4305），SS400（ JIS G 3101）やアルミニウム（JIS H 4000,4100）などの材料が、また、ビス・ボルトなどは SWCH18A（JIS G 3539），SWCH10R（JIS G 3507）などがあげられる。

(2) ゴム材

ゴム材のような樹脂性材料を使用する場合は、耐久性があり、経年劣化の少ない材料を使用する。免震 Exp.J の可動部分や仕上げ部分に、天然ゴム、クロロプレン、エチレンプロピレンなどを主ポリマーとするゴム材などが使用される場合があるが、経年劣化による損傷や地震による破断が生じにくい材を選定するとともに、適宜、補修・更新しやすい材料を選定する。

(3) 防錆処理

特に屋外に設置される免震 Exp.J では、高い防錆性能が必要となる。

屋外に免震 Exp.J を設置する場合、耐候性の高い材料を選定することはもとより高い防錆性能も必要となるため、錆びにくいステンレス材やアルミ材などを選定し、鋼材を使用する場合は溶融亜鉛めっきなどの防錆処理を施すことが望ましい。さらに著しく高温多湿な地域や、塩害および公害等による過酷な腐食環境下の場合は別途対策を考慮する必要がある。

(4) コンクリート材

免震 Exp.J の仕上材として用いるコンクリート材は耐久性を考慮したものを選定する。劣化を防ぐ塗装などの仕上げや撥水剤処理も有効である。

車路等の床には、仕上材として各種の RC や PCa 材を用いることがあるが、それらの劣化により可動性を阻害する恐れがあるため、材料の品質を確保し、より耐久性の高い材料を選定することが望ましい。

また設計時には、免震 Exp.J 材がボルトなどで緊結されるコンクリート躯体についても中性化の小さい材料を使用する。

3.4 設計図書記載上の留意点

設計者は、企画・基本設計段階で、建築主に対し免震 Exp.J の必要な機構や性能などの概要を説明し、合意を得る必要がある。また、実施設計図書に、免震 Exp.J の性能グレードや設計可動量などの必要諸元を明示する。

設計者は、第 1 章の設計フローに沿って基本設計時、実施設計完了時、発注図作成時などの主要な時期に建築主へ基本的な性能や主要な機構を説明し、合意を得る必要がある。また、設計者は、工事契約図書となる最終の実施設計図書に、免震 Exp.J の目標性能やそれに関わる諸元を明示する必要がある。

(1) 企画・基本設計段階

意匠設計者および構造設計者は、建築主からの基本的な与条件を基に、主体構造に免震構造を採用する計画となった場合、または免震を採用する計画を提案する場合は、免震 Exp.J について特性等の概要を説明して企画を固める。

基本計画段階では、与条件の確認のために、以下に例示する検討事項を参考とし、免震 Exp.J の概要を基本設計図書へ明示するとともに建築主へ十分な説明を行い、合意を得る。

設計者は、第 1 章の設計フローに沿って基本設計時、実施設計完了時、発注図作成時などの主要な時期に建築主へ基本的な性能や主要な機構を説明し、合意を得る必要がある。また、設計者は、工事契約図書となる最終の実施設計図書に、免震 Exp.J の目標性能やそれに関わる諸元を明示する必要がある。

- 免震 Exp.J 各部位の目標指標の検討
- 設計可動量の検討
- 設計荷重の検討
- 想定最大残留変位量の検討
- その他メンテナンス方法等の主要事項などの検討
- 確認試験の必要性の検討

基本設計の段階では、構造設計者は、最大変位量、想定最大残留変位量などの事前検討し、必要に応じて予備解析を行う。意匠設計者は、免震クリアランスの位置と機構の設定、可動量とクリアランス、納まり、下地と仕上げなどの設定を行う。

(2) 実施設計および工事契約段階

意匠設計者および構造設計者は、実施設計において、免震 Exp.J の発注仕様を明確にし、以下の明示事項例示を参考とし、工事契約図書となる最終の実施設計図書へ記載する。免震 Exp.J の工事内容を建築主へ十分な説明を行い、合意を得る。

実施設計図書には下記の項目の明示が望ましい。

- 設計クリアランスおよび施工クリアランス
- 設計可動量
- 設計荷重
- 想定最大残留変位量
- 許容回転量

・免震 Exp.J 各部位の性能指標
・主要な詳細図
・可動範囲
・注意喚起サイン
・免震 Exp.J が関わる耐火区画ライン
・免震 Exp.J が関わる防火・耐火性能
・必要検査項目と確認方法
・引渡し後の維持管理項目

(3) 設計監理段階

工事段階で免震 Exp.J に関連する設計変更が行われた場合、設計者は変更に関連する情報を整理し、設計当初の要求機能・性能・品質が設計変更後も満足することを確認する。また検査においては、所定の性能が発揮されることを所定の検査により確認する。

竣工・引渡し時点においては、免震 Exp.J 各部位を適正に維持管理できるよう、竣工図書に現場施工の最終内容が記載されていることを確認するとともに、取扱説明関係資料に維持管理上必要な情報が十分反映されていることを確認する。竣工検査時の免震 Exp.J の機能・性能・品質が以後の維持管理の基準となり、免震 Exp.J の竣工検査記録は引渡しの際、重要な資料となるため、必ず竣工図書とともに保管する。

竣工時には、下記の図書・記録などを整備する。

・設計変更後の最終の機能・性能・品質の明示
・取扱説明書へ反映すべき設計内容の明示
・竣工検査時の機能・性能・品質検査記録など

第４章　製品設計・製作上の留意点

4.1 基本事項

製作者は、免震 Exp.J に設計可動量の変位が生じても有害な損傷を生じさせず、かつ復元する製品を提供する。そのために、あらかじめ可動試験を実施し、使用される部位や製品の機構特性に留意して製品設計および製作を行う。また、設計者の要求内容が目標性能確保や安全性確保に対して疑義が生じた場合は、そのリスクを設計者および施工者に提示し改善を求める。

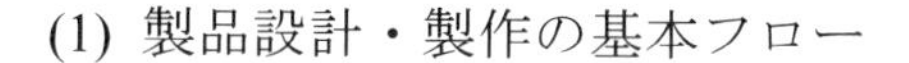

(1) 製品設計・製作の基本フロー

① 設計図書の受領

↓

② 設計図、特記仕様書の内容確認
- 施工クリアランス寸法、要求設計可動量（回転角）および想定最大残留変位
- 環境条件などによる材質および表面処理の指定の有無
- 仕上材の指定
- 仕上重量、積載荷重および設計風圧力
- 可動機構の指定

↓

③ 製品の仕様、性能条件提示
- 要求設計可動量に対する製品寸法、許容残留変位、必要となる施工クリアランス寸法および可動機構
- 材質と表面処理（カバー材、下地材）
- 仕上げ重量、積載荷重および設計風圧力に対する強度検討書
- 可動性能の説明（シミュレーション図および可動試験映像）

↓

④ 上記条件を基に契約

↓

⑤ 施工図作成開始および施工者との打合せ
- 設備および周辺仕上材との調整
- 取付下地および施工範囲
- 施工順序および搬入方法

※製作、施工計画書の作成提出

↓

⑥ 施工図承認（受領）により製作開始

(2) 安全上の配慮

他工事との調整および意匠上の理由（石やタイルなどの仕上材を施す場合）から免震 Exp.J の形状および機構の変更が求められる場合がある。機能上、安全性能上の問題があると判断される場合は、設計者および施工者にそのリスクを提示し、改善を求める。

(3) 知的財産権の配慮

製作者は新たに免震 Exp.J 機構を考案する場合、その機構やデザインが特許権、意匠権などの知的財産権に抵触するか否かを確認する必要がある。施工直前に抵触することが判明した場合、根本的に施工計画を見直すことになるため、開発段階で確認をすることが重要である。抵触する場合は、新たな機構を考案するか、権利を所有している者の許諾が必要となる。

4.2 部位別の留意点

本ガイドラインに示す、免震 Exp.J に関する製作上の部位別留意点に従い、免震 Exp.J の製作を行う。

免震 Exp.J に要求される共通性能は、安全性、可動性および復元性であり、地震時に大きな損傷を生じたり人に危害を与えたりすることや、地震終了後に大きな残留変形が生じてはならない。特に床部免震 Exp.J は耐荷重性だけでなく、避難通路として機能することが要求される場合が多いため、人身事故に直結する空隙や脱落がないように配慮しなければならない。また、外部の壁・天井部免震 Exp.J は耐風圧性、耐候性および防水性が要求される。

(1) 床部免震 Exp.J の留意点

1) 東日本大震災では人身事故に直結しかねない床部免震 Exp.J の脱落事例があった。製作者は常時の荷重状態に対する耐荷重性能だけでなく、可動時の荷重状態に対する安全性に留意して部材、厚み、形状および機構等を選定する。
2) 基本的な可動性能を満たすために、シミュレーション図による動作確認だけでなく、可動試験（振動台または加振台）を実施する。特に、床部免震 Exp.J が壁と取り合う箇所や、床端部、出隅および入隅は、動きが拘束されやすい箇所なので、可動試験にて検証する。
3) 耐用年数や設置環境等に応じて耐久性を考慮して材質や表面処理等を適切に選択する。
4) 設計者から要求される想定残留変位を考慮して、段差が発生しない製品を提供する。
5) 人の通行のある場所では、可動時および可動後に空隙を発生させない。
6) 床板がせり上がるタイプは、先端が人に危害を与えないよう十分配慮する。
7) 外部に使用される場合は、その立地条件により製品の材質および表面処理などに考慮する。

□ 主な製品設計・製作上の留意点

・仕上材の材質やスライド面との接触に対する留意点

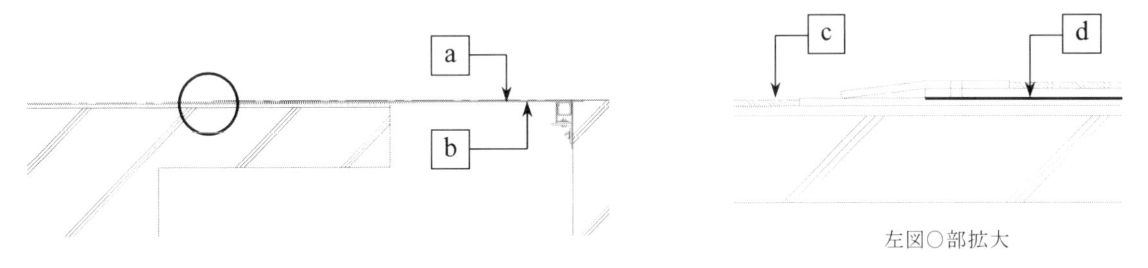

図 4.2.1　床部免震 Exp.J 留意点(1)

a）仕上げ表面はノンスリップ加工を施すことが望ましい。

b）可動時にも過大な変形が生じない様に、カバープレートや下地材を決定する。

c）可動時に先端カバーが仕上材を損傷させない様に配慮する。

d）カバープレート裏面と躯体表面が滑りやすい加工を施す。

・せり上がりに対する留意点

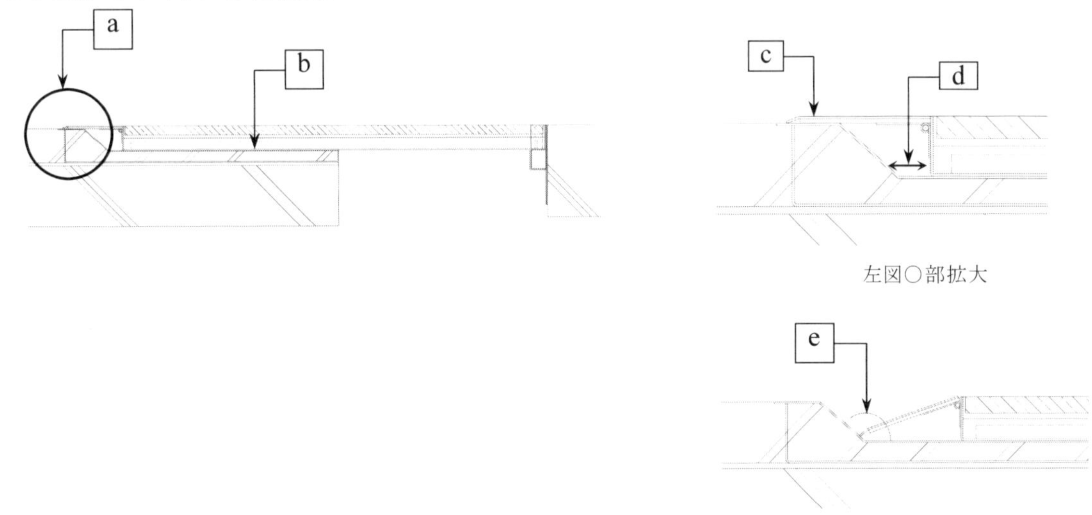

図 4.2.2　床部免震 Exp.J 留意点(2)

a）先端カバーの可動に支障が無い様に、仕上面のレベルに留意する。

b）本体カバー裏面と皿受部表面が滑りやすい加工を施す。

c）可動時に歩行者に被害を及ぼさない様に先端カバーの形状・挙動に留意する。

d）想定最大残留変位に対し、カバープレートのせり上がりが無い様にクリアランスを設ける。

e）先端カバーの可動に支障が無い様に、下地材の加工や形状（角度）に留意する。この角度が急な場合にはうまくせり上がらない場合があるので注意が必要。

(2) 壁部免震 Exp.J の留意点

1）基本的な可動性能を満たすために、シミュレーション図による動作確認だけでなく、可動試験（振動台または加振台）を実施する。また、壁部免震 Exp.J が床、天井と取合う端部は動きが拘束されやすいので、床、壁、天井を組み合わせた状態での可動試験にて検証することが望ましい。
2) 機構によっては、可動時に隙間があいたり、カバー材がせり出す製品があるため、人や車輌の通行がある場合など用途および頻度により適切な機構を選択する必要がある。
3) カバー材に重い仕上材（タイル、石、ボードなど）の取付けが要求される場合は、設計者と協議し壁部免震 Exp.J の安全性を優先することが望ましい。やむを得ず重い仕上材を採用する場合には、本体パネルや下地材、取付材に十分な強度と剛性を持たせるとともに、可動試験を十分に行い、損傷を生じないことを確認する必要がある。
4) 設計者から要求される想定最大残留変位を考慮して、壁部免震 Exp.J に残留変形が生じないように留意する。
5) 地震時の建物の層間変位により生じる回転角に対応できるように、可動試験で挙動を確認し、許容できる回転角を明示する。
6) 屋根および外壁に使用される場合は、耐風圧強度計算を行ない、止水性にも留意する。
7) 外部に使用される場合は、その立地条件により製品の材質および表面処理などに考慮する。

□ 主な製品設計・製作上の留意点
・せり出し式に対する留意点

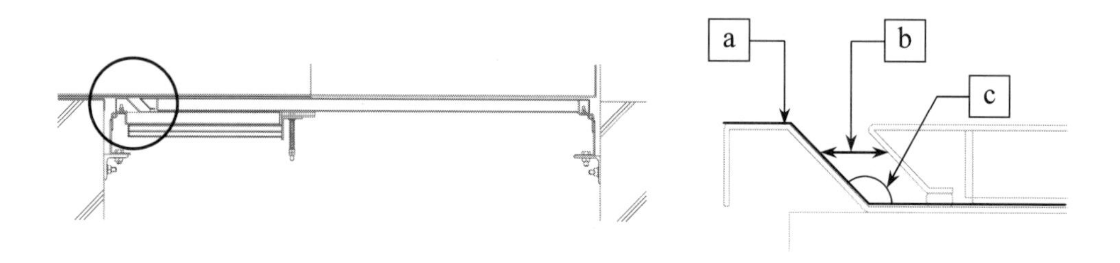

図 4.2.3　壁部免震 Exp.J 留意点(1)

a）壁パネル先端の可動に支障が無い様に、下地プレートの加工や形状に留意する。
b）想定最大残留変位に対し、パネルのはね出しが無い様にクリアランスを設ける。
c) せり出し部の加工や形状（角度）に留意する。この角度が急な場合にはうまくせり出さない場合があるので注意が必要。

・床の開口やパネルのせり出しに対する留意点

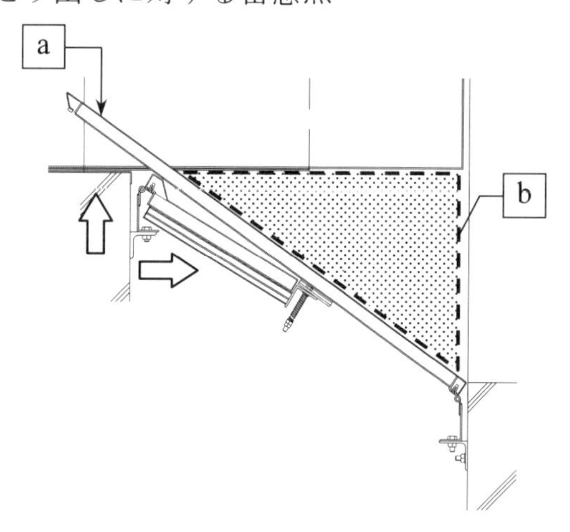

図 4.2.4　壁部免震 Exp.J 留意点(2)

a）壁パネルが通路側にせり出すため、可動する旨の明示や材質・形状に留意する。
b）両方向スライドタイプでは Y 方向に可動した時に壁が斜めになるので、ふさぎプレートなどの機構を設け、床に開口があかないようにする必要がある。

・床のはね上がりに対する留意点

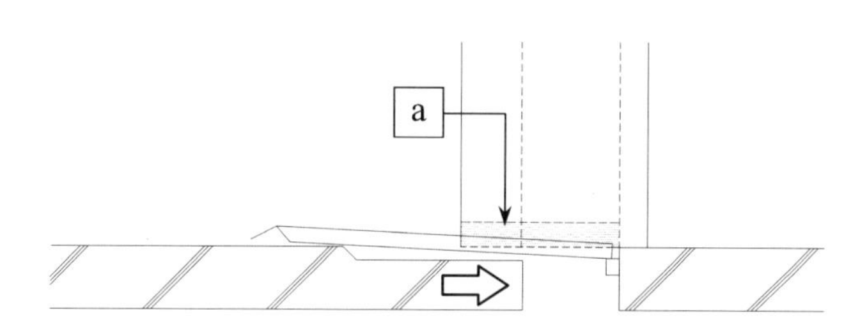

図 4.2.5　壁部免震 Exp.J 留意点(3)

a）せり上がり式の床部免震 Exp.J と取合う部分については可動式とし、変形に追従出来る形状とする。

・ばねを用いる製品に対する留意点

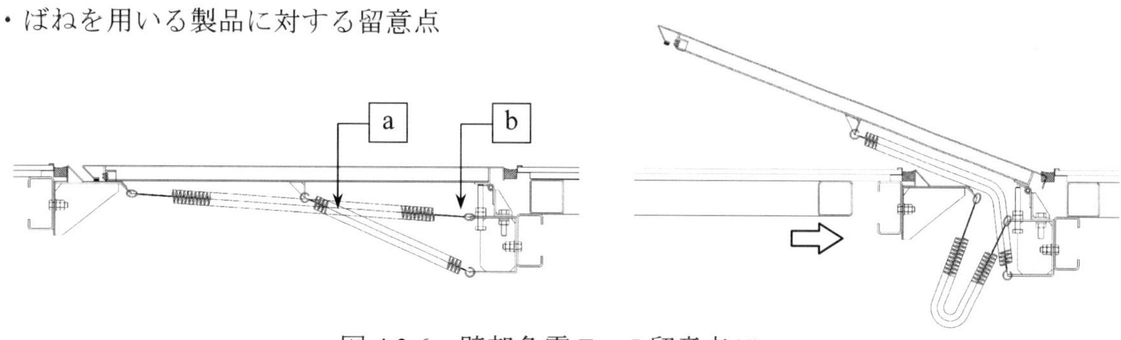

図 4.2.6　壁部免震 Exp.J 留意点(4)

a）地震時のスムースな可動や過大な残留変形を残さないように、ばねの強度に留意する。
b）地震時のばねの挙動に対し、ばねの取付部が外れないように対策を施す。

(3) 天井部免震 Exp.J の留意点

1）基本的な可動性能を満たすために、シミュレーション図による動作確認だけでなく、可動試験（振動台または加振台）を実施する。また、壁部免震 Exp.J と取合う端部は動きが拘束されやすいので、床、壁、天井を組み合わせた状態での可動試験にて検証することが望ましい。
2）天井部免震 Exp.J の取付け下地材には地震時に大きな荷重がかかるので、十分な強度確保に留意する。
3）天井内部および外部に設置される設備配管､防災機器および照明器具等が天井部免震 Exp.J の可動性能を妨げないようにする。
4）建物の立地環境や要求される耐久性を考慮して、材質や表面処理等も選択する。
5）仕上材の取付けを要求される場合は、設計者と協議し脱落等がないように安全性に配慮する。
6）設計者から要求される想定最大残留変位を考慮して、天井部免震 Exp.J の残留変形にも留意する。

□ 主な製品設計・製作上の留意点
・スライドに対する留意点

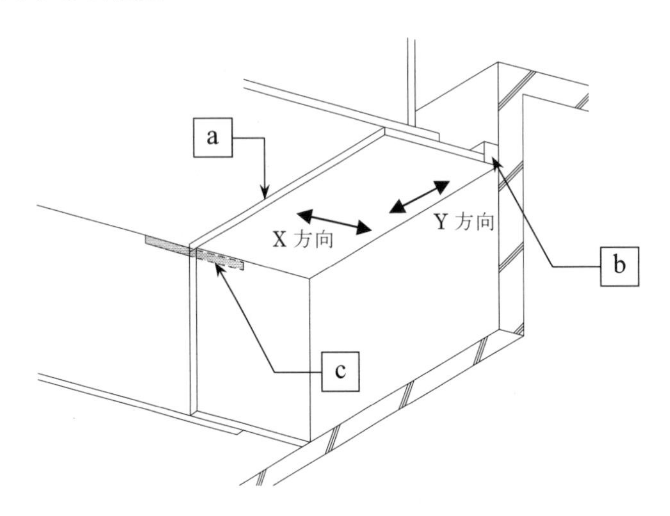

図 4.2.7　天井部免震 Exp.J 留意点(1)

a）天井材表面を傷めることがあるため、対策を施すか事前に関係者に了解をしてもらうことが望ましい。
b）スライドレールがスムースに可動しないと、接合部材や下地に大きな荷重がかかるので、摩擦抵抗の少ない機構を採用する。
c）Y 方向可動時にストッパーには大きな力が掛かるので、十分な強度を持たせる。

・せり上がりに対する留意点

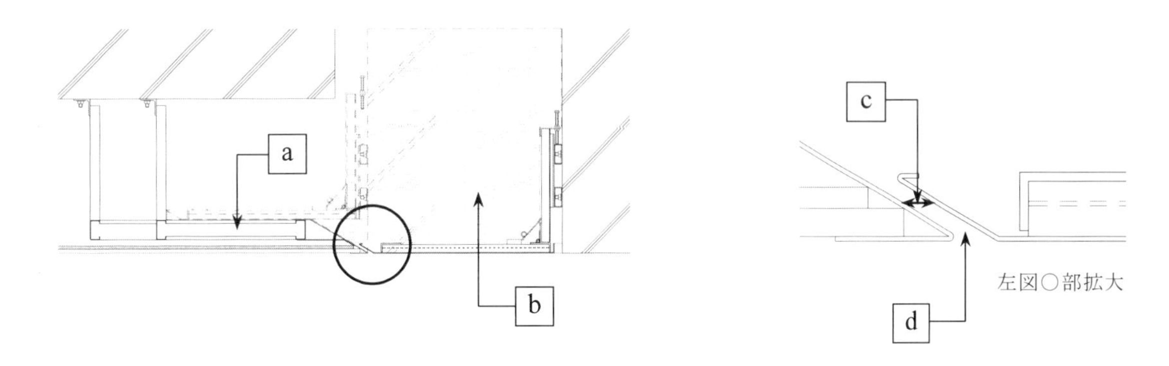

図 4.2.8　天井部免震 Exp.J 留意点(2)

a）天井下地材からのはね出しが大きくなるので、強度・剛性に留意する。
b）可動範囲に設備配管や照明器具、天井下地材等が無い様に留意する。
c）想定最大残留変位に対し、パネルに段差等が生じない様にクリアランスを設ける。
d）天井パネルの可動に支障が無い様に、先端部の加工や形状に留意する。この角度が急な場合にはうまくせり上がらない場合があるので注意が必要。

4.3　機構別の留意点

本ガイドラインに示す、免震 Exp.J に関する製作上の機構別留意点に従い、免震 Exp.J の製作を行う。

(1) 床部免震 Exp.J の留意点

1)　X 方向・Y 方向：スライド式

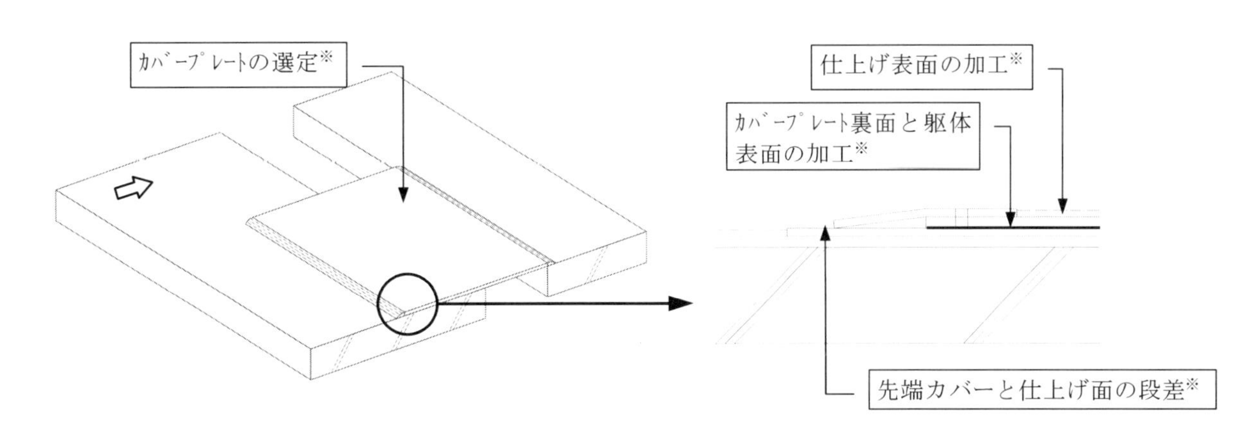

※印は、『4.2 部位別の留意点』に記述あり

図 4.3.1　床部免震 Exp.J　　X 方向・Y 方向：スライド式

2) X 方向：片側せり上がり式

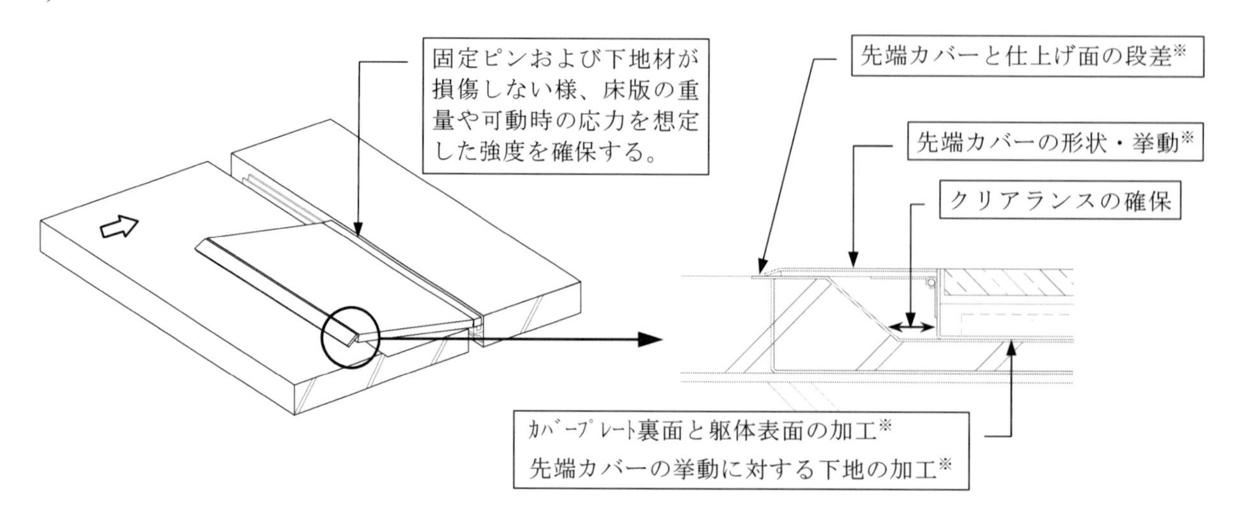

※印は、『4.2 部位別の留意点』に記述あり

図 4.3.2　床部免震 Exp.J　X 方向：片側せり上がり式

3) X 方向：固定側せり上がり式

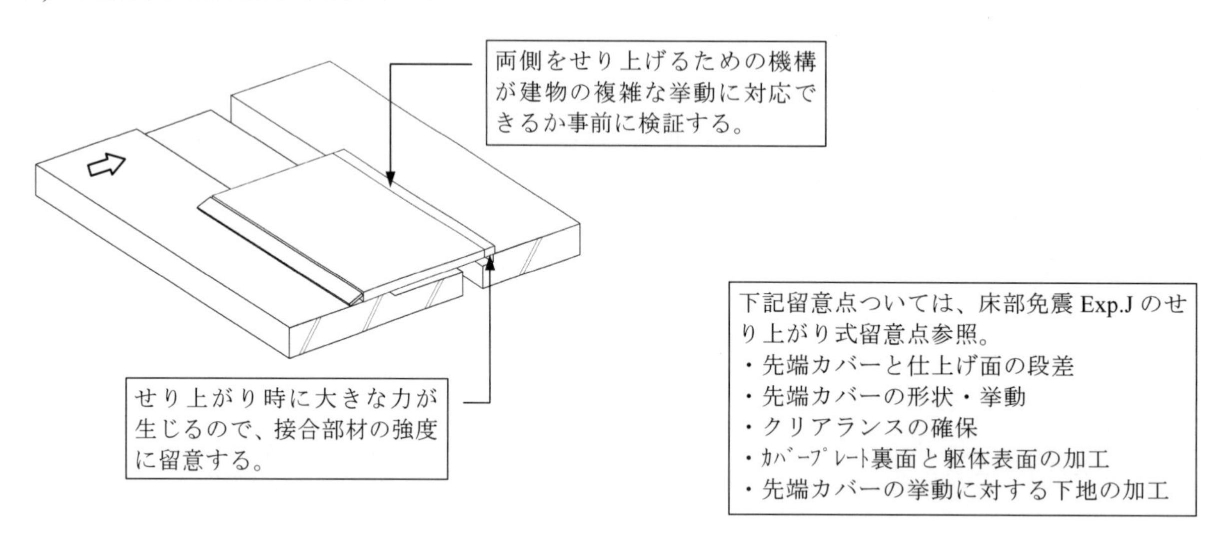

※印は、『4.2 部位別の留意点』に記述あり

図 4.3.3　床部免震 Exp.J　X 方向：固定側せり上がり式

4) X方向：のみ込みスライド式

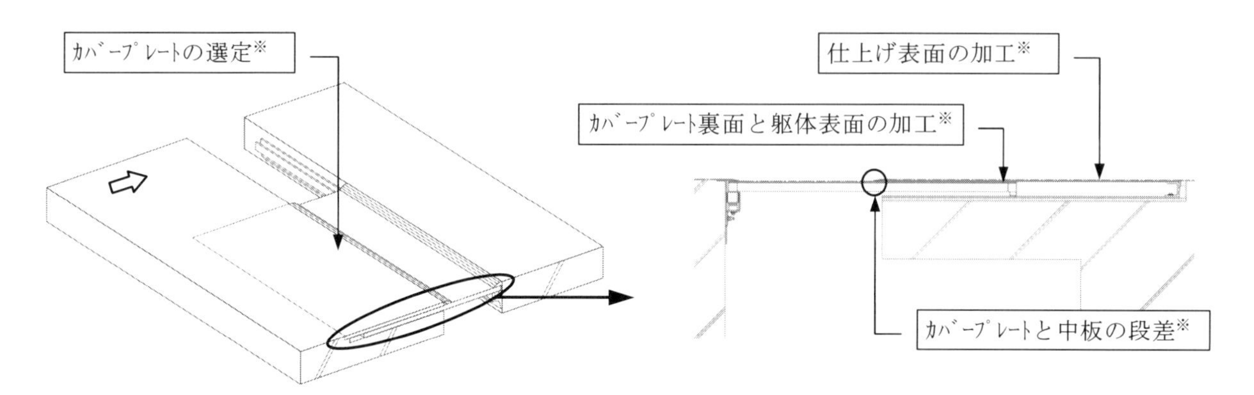

図 4.3.4　床部免震 Exp.J　 X方向：のみ込みスライド式

5) Y方向：レールスライド式

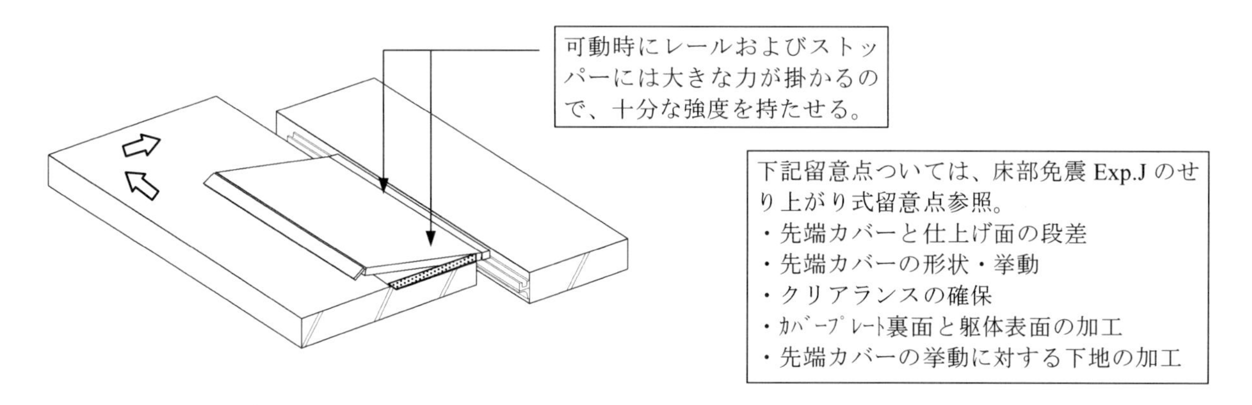

図 4.3.5　床部免震 Exp.J　 Y方向：レールスライド式

6) X方向：伸縮式

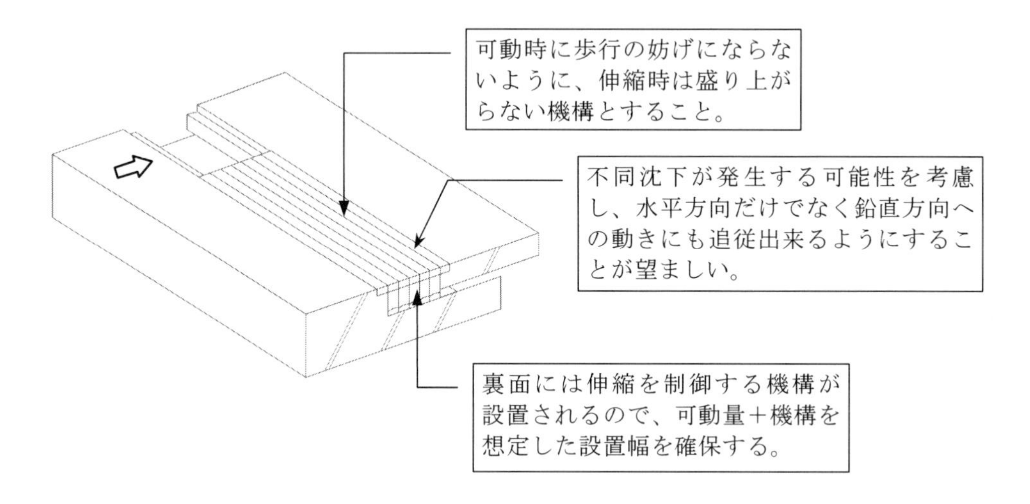

図 4.3.6　床部免震 Exp.J　 X方向：伸縮式

(2) 壁部免震 Exp.J の留意点

1）X 方向：スライド式　Y 方向：ヒンジ式

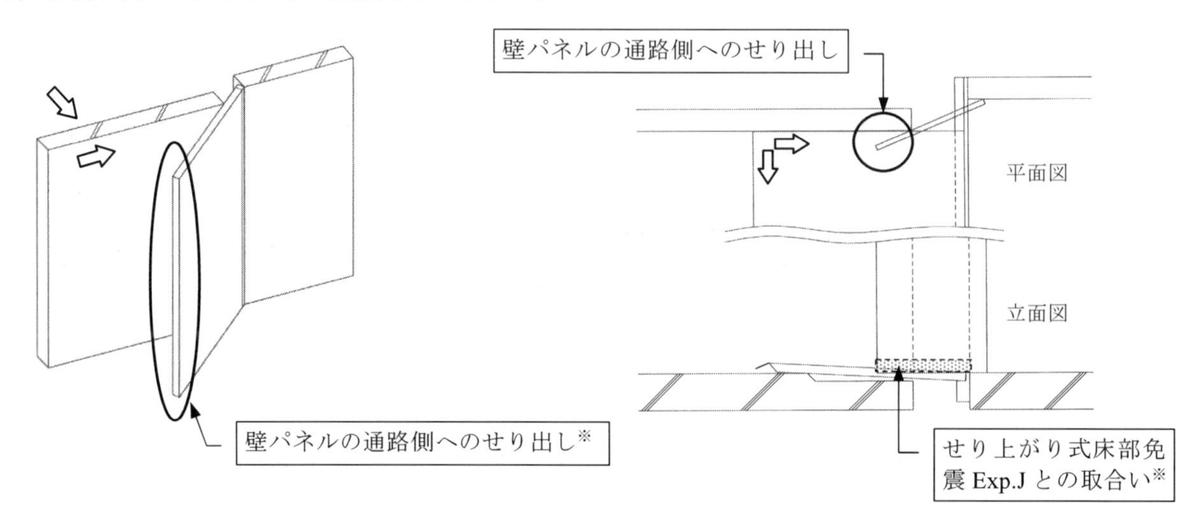

図 4.3.7　壁部免震 Exp.J　X 方向：スライド式　Y 方向：ヒンジ式

2）X 方向：片側せり出し式　Y 方向：ヒンジ式

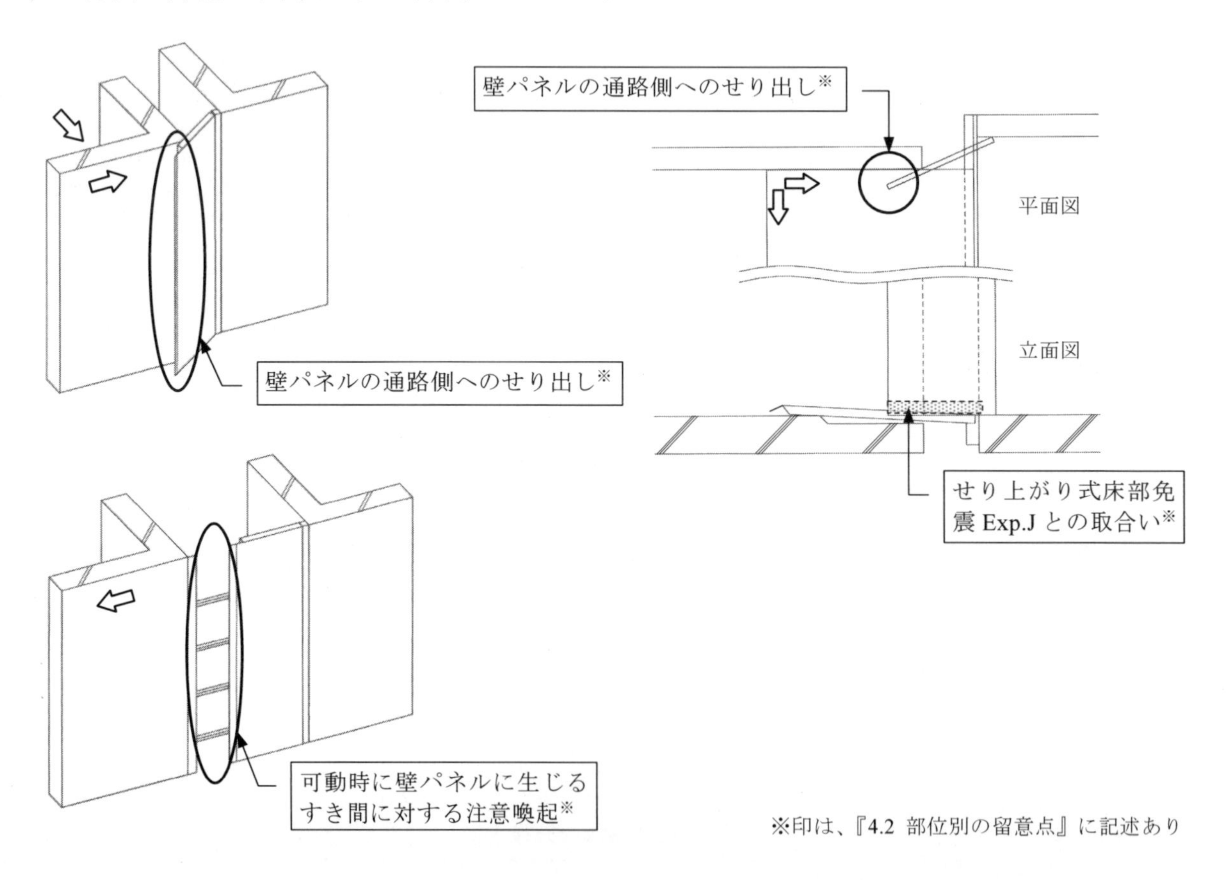

図 4.3.8　壁部免震 Exp.J　X 方向：片側せり出し式　Y 方向：ヒンジ式

3）X 方向：片側せり出し式　Y 方向：ヒンジレール式

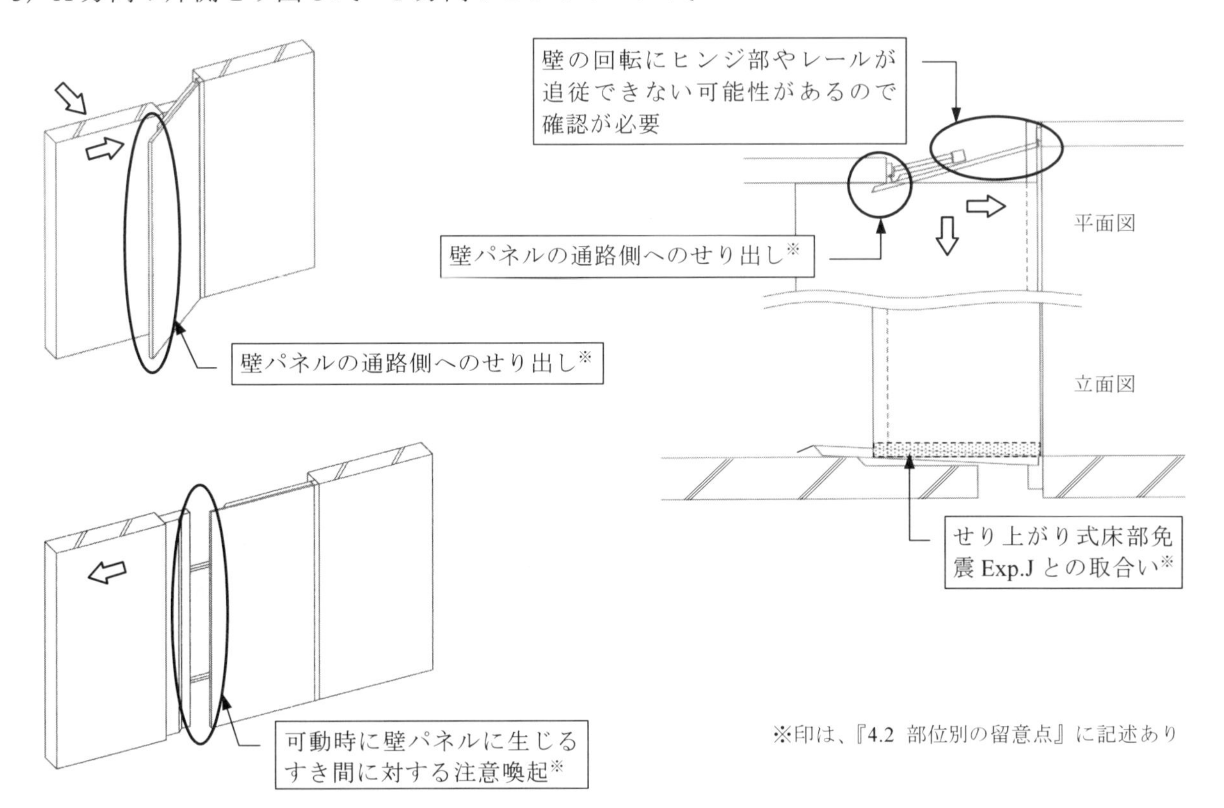

図 4.3.9　壁部免震 Exp.J　 X 方向：片側せり出し式　Y 方向：ヒンジレール式

4）X 方向：両側せり出し式　Y 方向：ヒンジ伸縮式

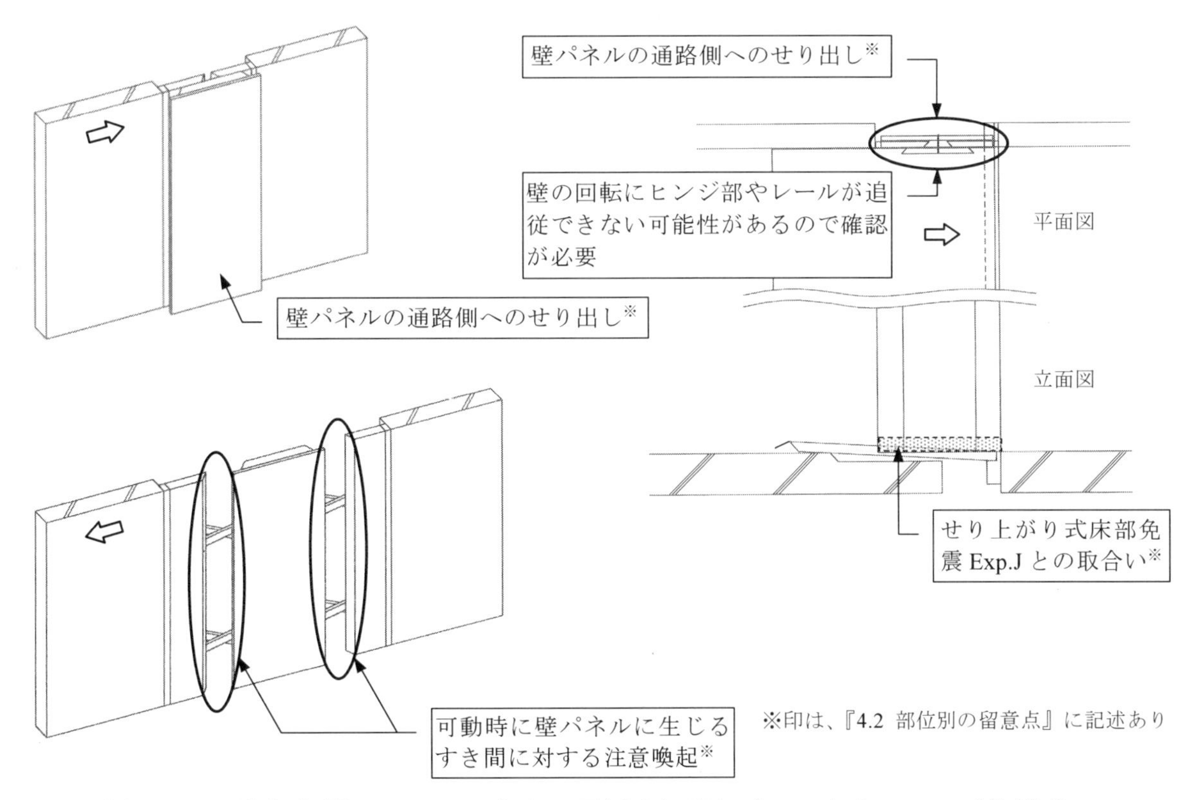

図 4.3.10　壁部免震 Exp.J　 X 方向：両側せり出し式　Y 方向：ヒンジ伸縮式

5）X 方向：伸縮式　Y 方向：ヒンジ伸縮式

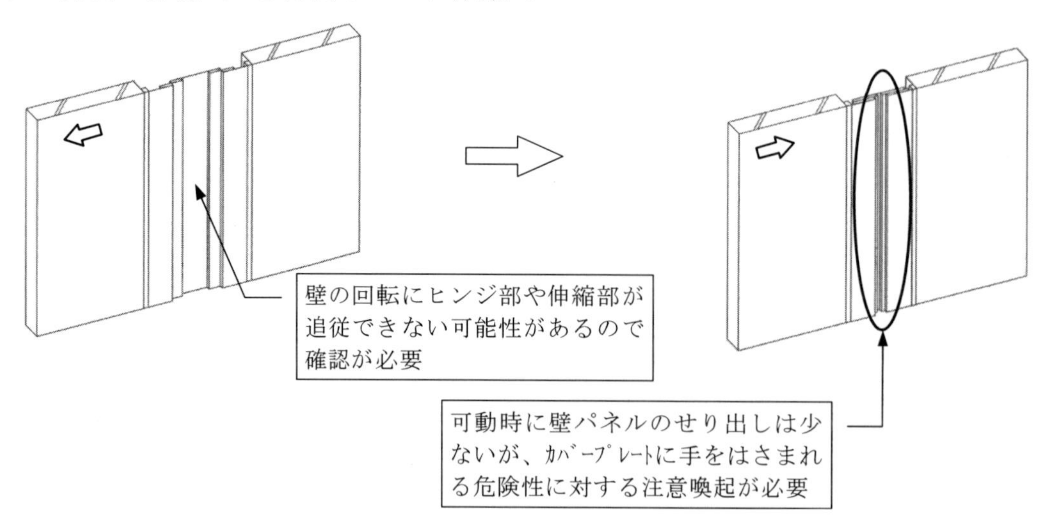

図 4.3.11　壁部免震 Exp.J　 X 方向：伸縮式　Y 方向：ヒンジ伸縮式

6)　X 方向：折れ曲り式　Y 方向：ヒンジ伸縮式

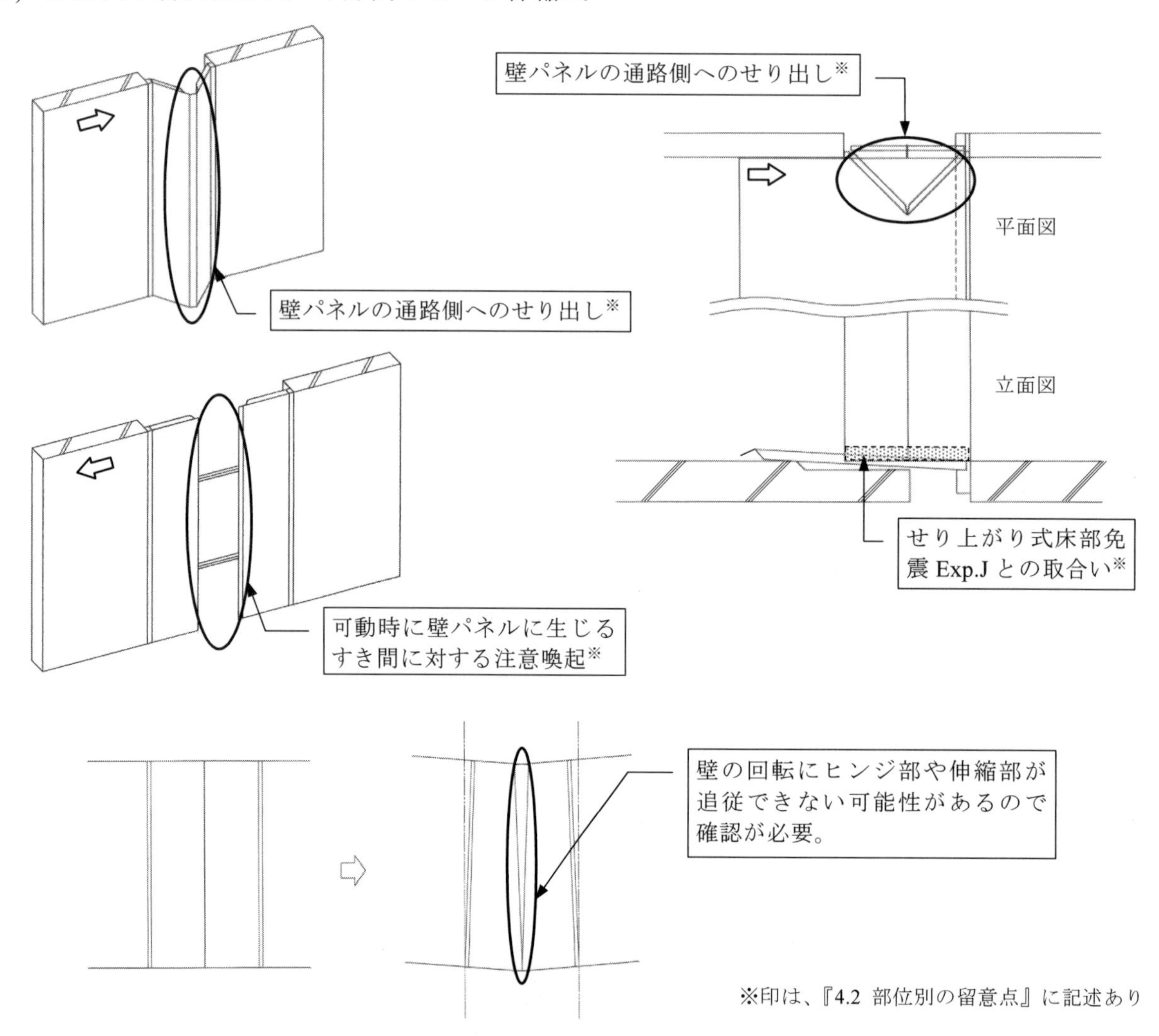

図 4.3.12　壁部免震 Exp.J　 X 方向：折れ曲り式　Y 方向：ヒンジ伸縮式

7) X 方向：レールスライド式　Y 方向：レールスライド式

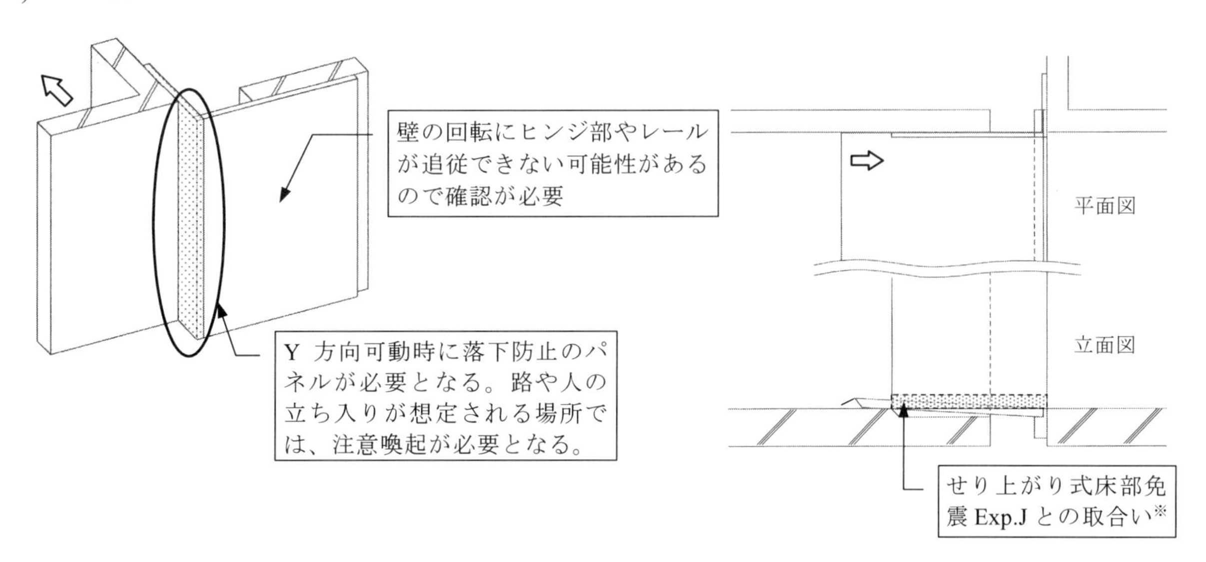

図 4.3.13　壁部免震 Exp.J　X 方向：レールスライド式　Y 方向：レールスライド式

8) X 方向:ヒンジローラー式　Y 方向:ヒンジローラー式

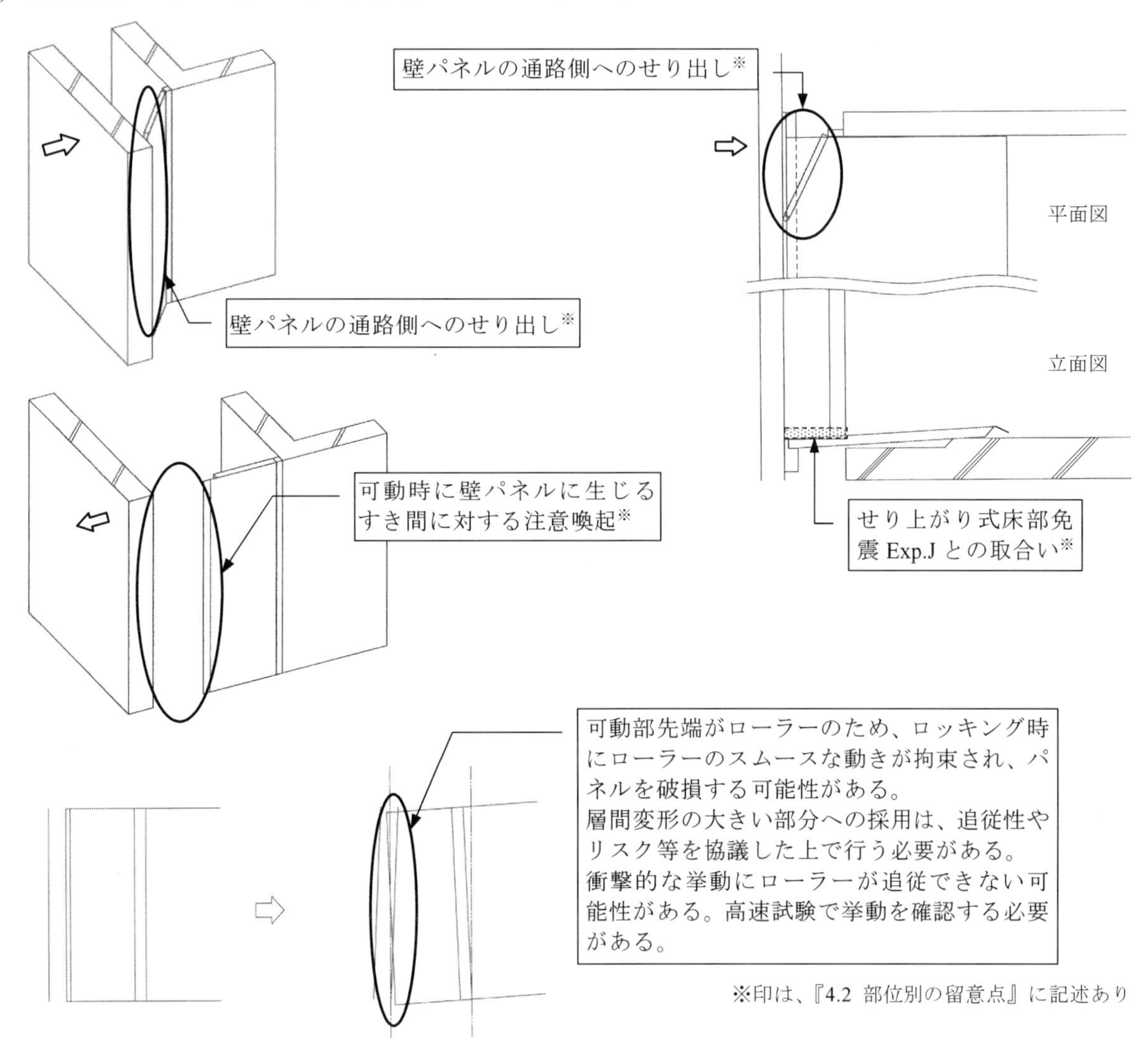

図 4.3.14　壁部免震 Exp.J　X 方向:ヒンジローラー式　Y 方向:ヒンジローラー式

(3) 天井部免震 Exp.J の留意点

1）X 方向・Y 方向：スライド式、スライド式

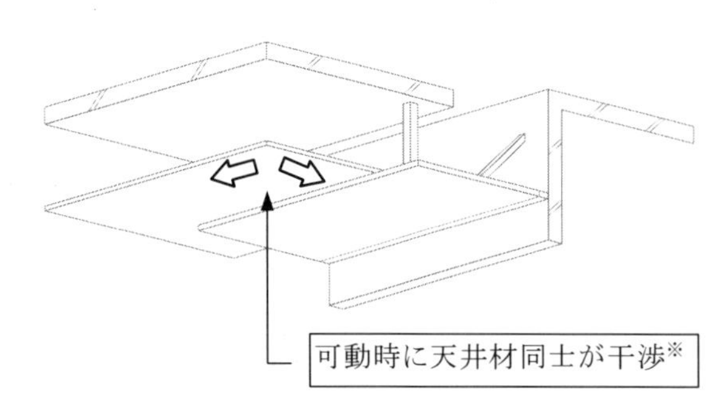

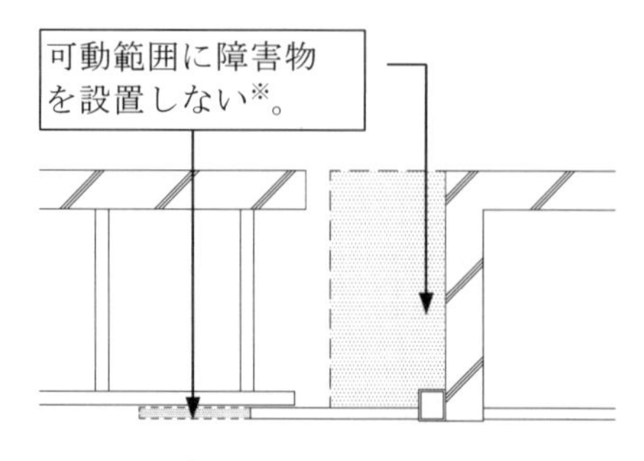

※印は、『4.2 部位別の留意点』に記述あり

図 4.3.15　天井部免震 Exp.J　 X 方向：スライド式　Y 方向：スライド式

2）X 方向：片側せり上がり式

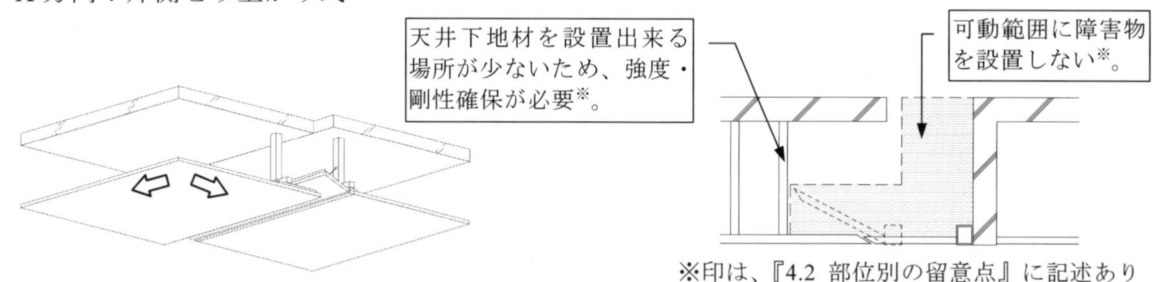

※印は、『4.2 部位別の留意点』に記述あり

図 4.3.16　天井部免震 Exp.J　 X 方向：片側せり上がり式　Y 方向：スライド式

3）X 方向：固定側せり上がり式

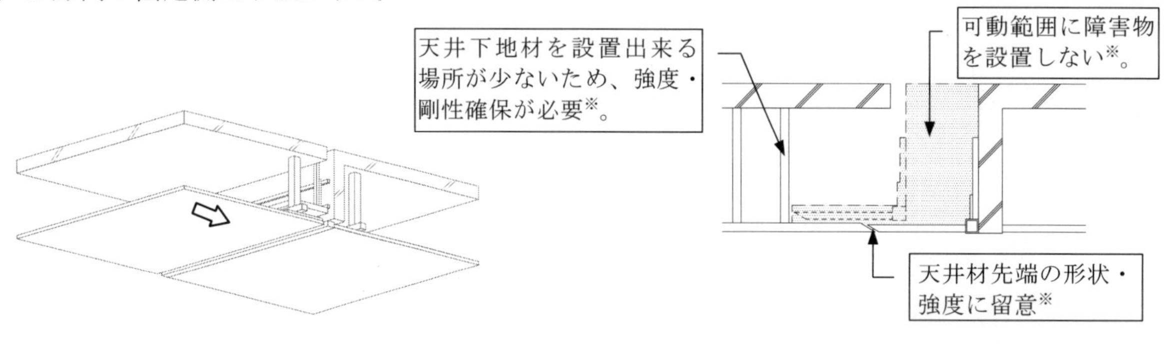

※印は、『4.2 部位別の留意点』に記述あり

図 4.3.17　天井部免震 Exp.J　 X 方向：固定側せり上がり式　Y 方向：レールスライド式

4）X 方向：両側せり上がり式

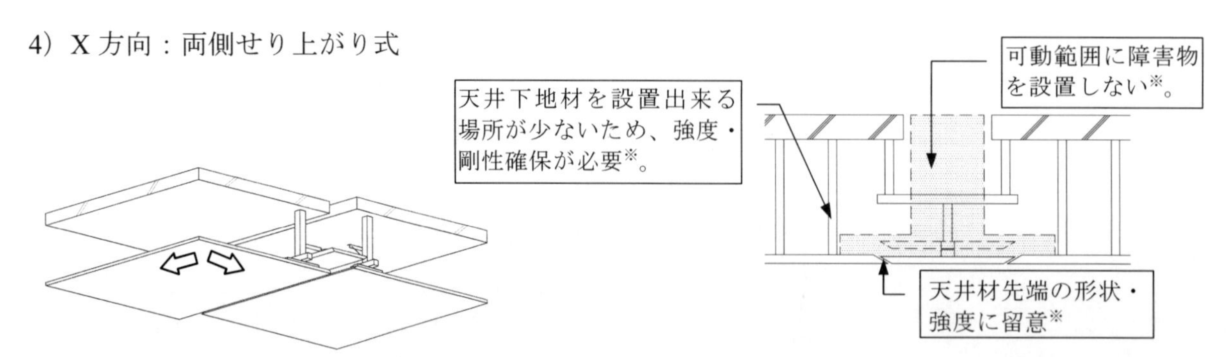

※印は、『4.2 部位別の留意点』に記述あり

図 4.3.18　天井部免震 Exp.J　 X 方向：両側せり上がり式　Y 方向：スライド式

4.4 試験方法

免震 Exp.J は、要求される性能指標に応じて試験を行う。
性能指標 A 種の免震 Exp.J は振動台試験を行う。性能指標 B 種の免震 Exp.J は振動台または加振台試験を行い、目標性能が満足していることを確認する。

表 4.4.1　免震 Exp.J の性能指標の分類

性能指標	中小地震 変位 50mm 程度	大地震 設計可動量	確認方法	使用箇所 (参考)
A 種	機能保全	機能保全	設計可動量まで損傷しないことを振動台試験により確認する。(振動台の可動量が小さい場合にはオフセットして試験することも可とする)	避難経路 人・車の通行の多い箇所
B 種	機能保全	損傷状態 1	設計可動量において軽微な損傷であること振動台試験により確認する。 または、 設定可動量まで損傷しないことを加振台試験により確認する。	人の通行のある箇所
C 種	損傷状態 1	損傷状態 2	図面により可動することを確認するのみ。	ほとんど人の通行がない箇所

製作者は標準的な納まりの製品について、性能指標 A 種は振動台試験、性能指標 B 種は振動台試験、または加振台試験を行う。

免震 Exp.J の試験では仕上荷重を考慮し、床と壁の取合い部および壁と天井の取合い部の特殊な部分についても試験を行う。標準品と異なる納まりや使用条件の場合は、メーカーが保有している加振台により試験を行う。

以下に A 種、B 種で要求される振動台試験、および B 種で要求される加振台試験の内容について示す。

(1) 振動台試験

1) 加振内容

振動台試験は、原則として振動台を免震建物側とし、振動台外周部分を地盤側（地球側）とし、その間に免震 Exp.J を設置し試験を行うが、試験機の状況で逆になる場合もある。

免震 Exp.J に変形が生じていない状態（原点：P0）から加振するが、振動台の可動量が免震 Exp.J の設計可動量よりも小さい場合には試験体の位置をオフセットして設計可動量の範囲のすべてを網羅できるようにする。

図 4.4.1 に、オフセットの例を示すが、オフセット位置は P1～P5 の 5 点とすると、免震 Exp.J が閉じた場合から開いた場合まですべての変形を網羅することができる。

加振は正弦波加振とするが、地震応答波加振も行うことが望ましい。

試験は床、壁、天井の単独で行ってもよいが、動きが干渉する場合には床、壁、天井を一体にして試験を行うことが好ましい。

正弦波加振、地震応答波加振の試験方法の基本的な考え方を以下に示すが、試験機のスペックや想定する建物の状況に合わせて試験方法は適切に設定するものとする。

回転成分を許容する製品に関しては、回転成分を入れた試験を行うことを前提とするが、回転成分の加振が出来ない場合には、あらかじめ所定の回転角を与えた状態で試験することで代用することが出来るものとする。

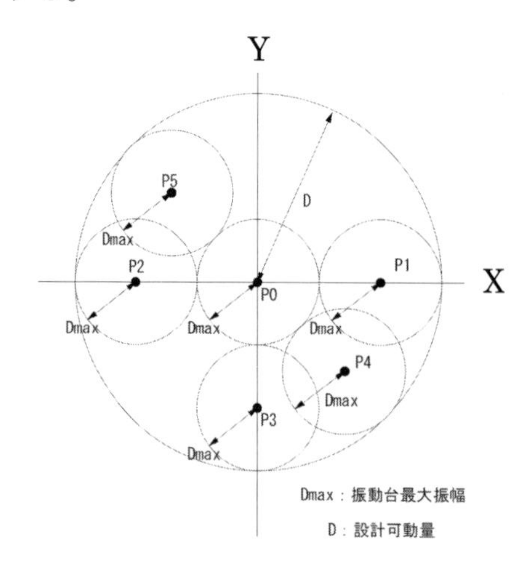

図 4.4.1　振動台のオフセット位置と最大振幅・設置可動量の位置図

2） 正弦波加振

a) 加振方向

・X 方向、Y 方向、45 度方向、円方向、Z 方向

・X+Ry 方向、Y+Rx 方向、X+Y+Rx+Ry 方向

※ 回転成分を許容しない製品については Rx,Ry は省略可

b) 加振振幅

（水平方向）

・原点位置から免震 Exp.J の設計可動量を振幅として加振する。

・振動台の可動量が小さい場合には原点(P0)位置だけでなく、オフセットして設計可動量の範囲をカバーできるようにする。

（上下方向）

・±5mm～±10mm 程度とし、使用条件を考慮して決定する。

（回転方向）

・±1/500、±1/200、±1/100 程度とし、製品の設計許容変形角をもとに設定する。

c) 加振周期（振動数）

（水平方向）

・4 秒、2 秒、1 秒を基本とし振動台の限界性能を考慮し、振幅とセットで設定する。

・低速試験（10～20cm/s 程度）および高速試験（100cm/s 程度）を行うものとし、試験機限界性能をもとに振幅と加振周期を適切に定める。

（上下方向）

・0.1 秒（10Hz）程度とする。

（回転方向）

・水平方向と同時に加振するものとし、水平方向と同じ周期とする。

d) 加振回数

・10 回以上

3）地震応答波加振

地震応答波加振は、モデル建物の時刻歴応答解析を行い免震 Exp.J に作用する相対変位波形を振動台に入力して加振する。基礎免震の場合は免震建物と地盤との相対変位波形とし、中間階免震の場合や、免震建物と非免震建物とを繋ぐ渡廊下の免震 Exp.J の場合は、免震建物と非免震建物部の応答解析を同時に行い、想定する連結位置の相対変位および相対回転角、相対上下変位を入力する。

特定の建物が想定できない場合には、1 質点系のモデルを用いて解析を行いその応答変位波形を用いて試験を行う。モデル建物は免震周期 Tf=4 秒、ダンパーの降伏せん断力係数 α_y=0.03 程度とする。

a) 採用地震動

標準的観測波(El centro、Taft、Hachinohe)、告示波、サイト波、海洋型地震を想定した長周期を含む波形、直下型地震を想定したパルス波などを用いる。入力レベルは、応答変位が設計可動量程度となるように調整する。

b) 加振方向

・X 方向、Y 方向、X+Y 方向
・X+Z 方向、Y+Z 方向、X+Y+Z 方向
・X+Ry 方向、Y+Rx 方向、X+Y+Rx+Ry 方向
・X+Z+Ry 方向、Y+Z+Rx 方向、X+Y+Z+Rx+Ry 方向

なお、採用した地震動が水平 1 方向しかない場合には同じ波形を $1/\sqrt{2}$ して 2 方向同時加振とする。

c) 加振振幅

振動台の加振可能な最大振幅が採用した応答波形よりも小さい場合には、振幅を振動台の最大振幅に合わせて調整する。この際に、最大速度は原波と同等になるように時間軸も調整する。（振幅を $1/\alpha$ にした場合には時間軸も $1/\alpha$ に縮める）

但し、時間軸を縮めることにより加速度が大きくなるため、試験機の制限を超える場合には試験機の制限に納まるように適切に設定する。

4）判定基準

振動台試験における判定基準を以下に示す。

・設計可動量まで変位追従性能が満足され、A 種においては機能を損なうような損傷が生じない。B 種においては軽微な損傷にとどまること。
・床免震 Exp.J においては危険な開口が生じない。また、壁部免震 Exp.J においては人が挟まれるような隙間が生じない。
・有害な残留変形が生じない。

(2) 加振台試験

加振台試験の試験方法を以下に示す。

1） 加振内容

加振台試験は、原則として加振台を免震建物側とし、加振台外周部分を地盤側（地球側）とし、その間に免震 Exp.J を設置し試験を行うが、試験機の状況で逆になる場合もある。

a) 加振方法

手動、フォークリフトまたは電動モーターにより加振

b) 加振方向

X 方向、Y 方向、45 度方向、円方向

c) 加振振幅

製品の設計可動量

回転成分を許容する場合には、許容回転角を与えた状態で加振する。

d) 加振速度

10～30cm/s 程度

可能なかぎり高速加振を行うこととする。

2） 判定基準

加振台試験における判定基準を以下に示す。

- 設計可動量まで損傷を生じない。
- 床部免震 Exp.J においては危険な開口が生じない。また、壁部免震 Exp.J においては人が挟まれるような隙間が生じない。
- 有害な残留変形が生じない。

第5章　施工上の留意点

5.1 基本事項

> 施工者・製作者は、本ガイドラインに示す、免震 Exp.J に関する施工上の基本事項に従い、免震 Exp.J および関連部位の施工を行う。

(1) 施工管理フロー

施工者および製作者は、建築主・設計者・監理者と十分なコミュニケーションを取りながら、下に示す施工管理フローを参考とし、免震 Exp.J の施工を実施する。

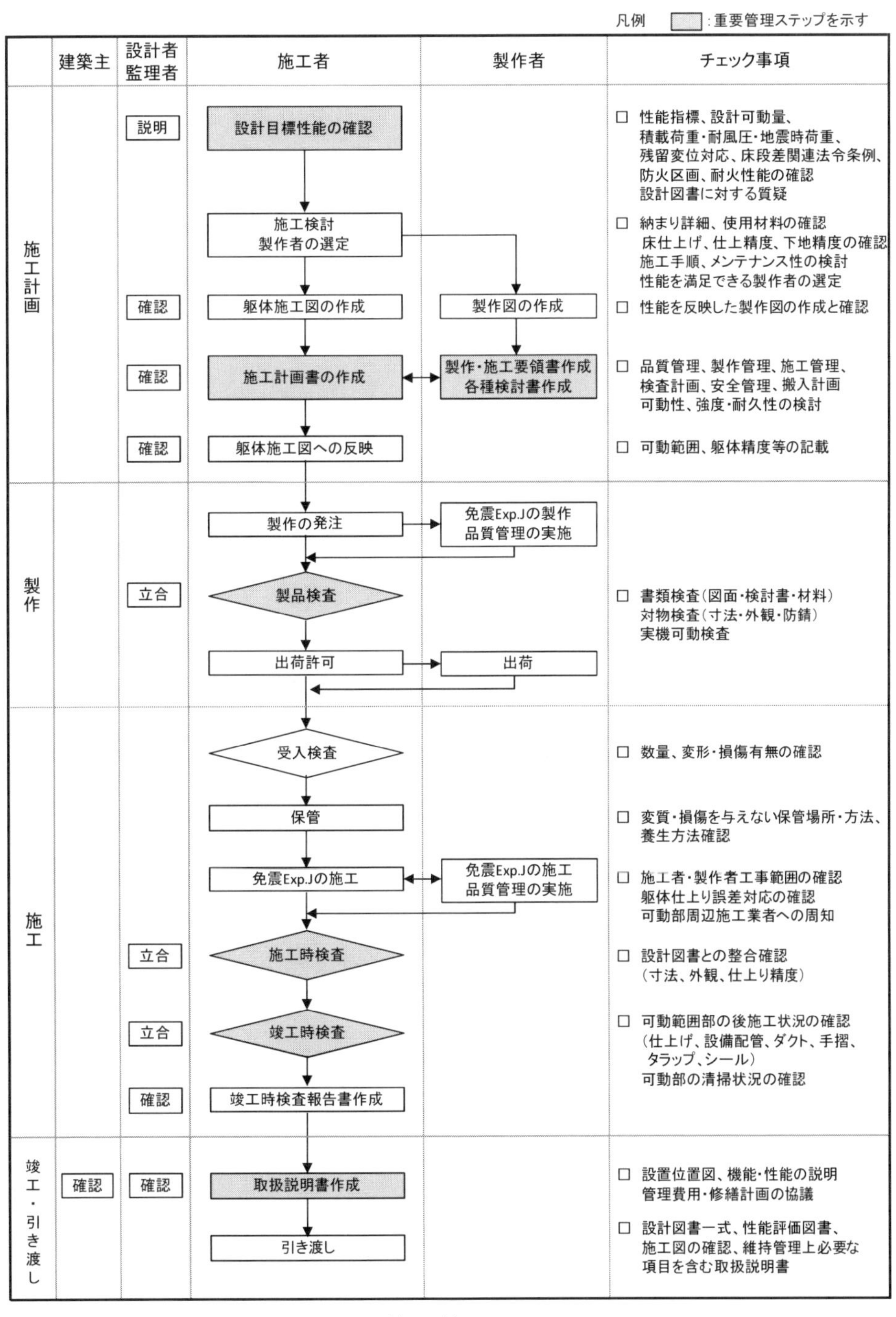

図 5.1.1 施工管理フロー

(2) 免震 Exp.J の設置場所とそのあり方

免震 Exp.J は、意匠性・機能性と共に安全性についても重要な役割を担っているため、設計と同様に免震 Exp.J の施工においても十分な配慮が必要となる。

免震 Exp.J の設置については、設計にて設定された機能を満足させるとともに、人に対して安全な免震 Exp.J を設置することを基本とする。

(3) 免震 Exp.J の特殊性の理解

免震 Exp.J は、一般建物の Exp.J よりはるかに大きな変位に対して追従しなければならず、かつ、あらゆる方向に及ぶ最大変位量に対し追従しなければならない。施工者も免震 Exp.J の特殊性や、分類ごとの機構やその特徴、注意事項などを理解しておく必要がある。

施工者は設計で設定された免震 Exp.J の目標性能を理解し、第 3 章に示されている設計図書へ反映すべき諸項目などを確認する。施工者はその目標性能を確保できるように施工を行う。

使用箇所ごとに設計にて設定される、性能指標、免震クリアランスの位置および寸法、設計可動量、機構、納まり、仕上げ、荷重条件、最大応答変位量、想定最大残留変位量などの確認を行う。

免震 Exp.J が複雑な機構の場合には、設計者、監理者、製作者との十分な調整と、加振台や振動台での実験を事前に行うなど採用される免震 Exp.J の妥当性を確認する必要がある。

(4) 設計図書の理解と目標性能を満足できる製品の選定

施工者は、設計図書に示された目標性能やそれに関わる諸元を理解し、それらを満足できる製品の選定を行う必要がある。

設計図書に示された仕様と異なる製品を施工者側が提案する場合、設計図書に示されている目標性能や機能を満足していることを確認する必要がある。

新たに考案した免震 Exp.J や製作者の標準品以外の採用を提案する場合、設計者、製作者とともに検討・打合せが必要であり、設計図書に示されている与条件や目標性能の確認方法についても十分な打合せを行う。また、場合によっては可動試験を実施し確認する。

(5) 施工検討の実施

免震 Exp.J の施工は、躯体工事終了後、仕上げ工事として行われるため、施工検討が後回しにされることが多い。設計図書に入隅・出隅等の特異な部位のディテールも記載されていればよいが、一般部のみの場合がある。躯体工事時に検討がなされていないと、免震 Exp.J が納まらず、躯体のはつりなどを行うことになるので、できるだけ早い段階で施工検討を行い、施工図や施工計画書に反映させておくことが望ましい。

免震 Exp.J は本体・下地・仕上げとも取付けおよび取りはずしが容易で確実な構成とすることが望ましい。また、施工誤差を考慮した施工クリアランスや部材寸法設定を行う必要がある。最大可動範囲は施工図へ反映させることが望ましい。

取付部の強度や固定部の寸法および形状については、免震 Exp.J の性能に影響する場合があるため、設計者、製作者と事前に十分な打合せを行う。

(6) 施工計画

施工者は、設計者・監理者・製作者との打合せ結果や施工検討結果を反映させた施工計画書を作成する。この時、製作者の管理基準などの確認も行い、必要事項を施工計画書に反映させておく。施主や設計者が要求している目標性能が満足されていることを確認するため、設計者への質疑、確認文書の記録などを行う。施工計画書は設計者の確認を得る。

検査関連については、性能検査方法の合意と検査計画書などの作成を行う。

(7) 製品検査

施工者は、設計者や監理者の立会いのもと、製品検査を実施する。免震 Exp.J に関して、製品検査の自主検査成績書の提出を製作者に求め、所定の仕様と性能を確認し、対物による外観検査や寸法検査および必要に応じて性能検査を実施する。製品検査により、所定の性能を満足できない場合には、是正処理または再製作を行い、設計者・監理者の確認を得る。

(8) 製品受け入れ予定日の決定と荷受け・荷卸し

施工者は、搬入数量および日時を製作者と協議の上、決定する。目標性能に応じて可動試験を行う必要がある場合は、それらを考慮の上、製品受入れ予定日を決定する必要がある。荷受けには免震工事責任者が立会い、製品（梱包）の数量、荷崩れ等による製品の損傷を確認する。荷卸しは、作業員間の合図を徹底し、積下ろし時に製品に損傷を与えることがないように十分注意して行う。

(9) 保管

保管場所については、製品を変質させたり損傷を与えたりする恐れがなく、他の作業や通行の支障とならない場所とする。特に冠水や溶接の飛び火などの恐れのない場所を選定する。免震 Exp.J は、所定の性能を保持するために工場出荷時に治具などを用いて傷、ひずみ等を与えないように養生されているので、現場保管時の取扱いに注意する。

(10) 施工

施工者・製作者は、施工計画書に記載した施工手順に従い、免震 Exp.J および関連する部位の施工を行う。免震 Exp.J の施工にあたっては、目標性能が発揮できるよう可動範囲を確認後、適切な方法を用いて建物側および地盤部などの非免震部の固定部にそれぞれ確実に据え付ける。施工管理者は、免震 Exp.J の機能を理解の上、その機能を損なうことのないように施工管理を行い、水平精度や傾斜精度の管理、機械的な損傷を与えないようにする。また、特に可動部周辺部の施工業者への指導を行う機会などを設定して、可動範囲内に手摺りや設備ダクトなどを配置しないなどの後施工への配慮や、動きを阻害するシールなどを施さないように指導する。

(11) 施工時検査

施工時検査は、寸法・外観・仕上り精度などを設計図書と整合させて確認する。

(12) 施工結果報告書および取扱説明書

施工者は、施工後に施工結果報告書を作成し、記録に残す。

設計図書に明示されている、免震 Exp.J の設置位置とその目的や機能・性能の記載事項、維持管理内容、構造性能評価書記載の関連事項などを反映させて、設計者・製作者と打ち合わせを行いながら建築主に提出する取扱説明書を作成する。取扱説明書は、免震 Exp.J の可動範囲が示されている資料や、定期点検、地震時の臨時点検などの維持管理が必要であること、想定を越える地震が発生した場合は免震 Exp.J が損傷する可能性があること、損傷する可能性がある地震の程度などの維持管理上で必要と思われる項目も含んだものとする。

5.2 部位別の留意点

施工者は、本ガイドラインに示す、免震 Exp.J に関する設計上の部位別留意点に従い、免震 Exp.J の各部の施工を行う。必要に応じて設計者・製作者と打合せを行い、設計意図を十分理解する。

(1) 床部免震 Exp.J 施工上の留意点

・地震時等の免震 Exp.J の動きに対して機能を理解した上で、地表面と干渉しないように、レベル設定を行い、適切な施工管理を行う必要がある（下記不具合例参照）。　また、床段差の基準については建物用途・規模に応じてハートビル法、行政の条例や整備指針や基準類、および長寿社会対応住宅設計指針や住宅性能表示基準など高齢者配慮の基準値を遵守する必要がある。（「住宅性能表示基準の高齢者等配慮対策等級」では段差と認められない基準は設計値で「3 ミリ」、施工値で「5 ミリ」以下である）

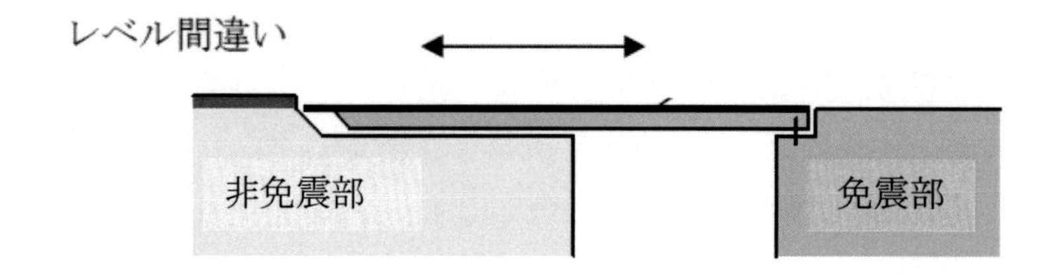

図 5.2.1 不具合事例

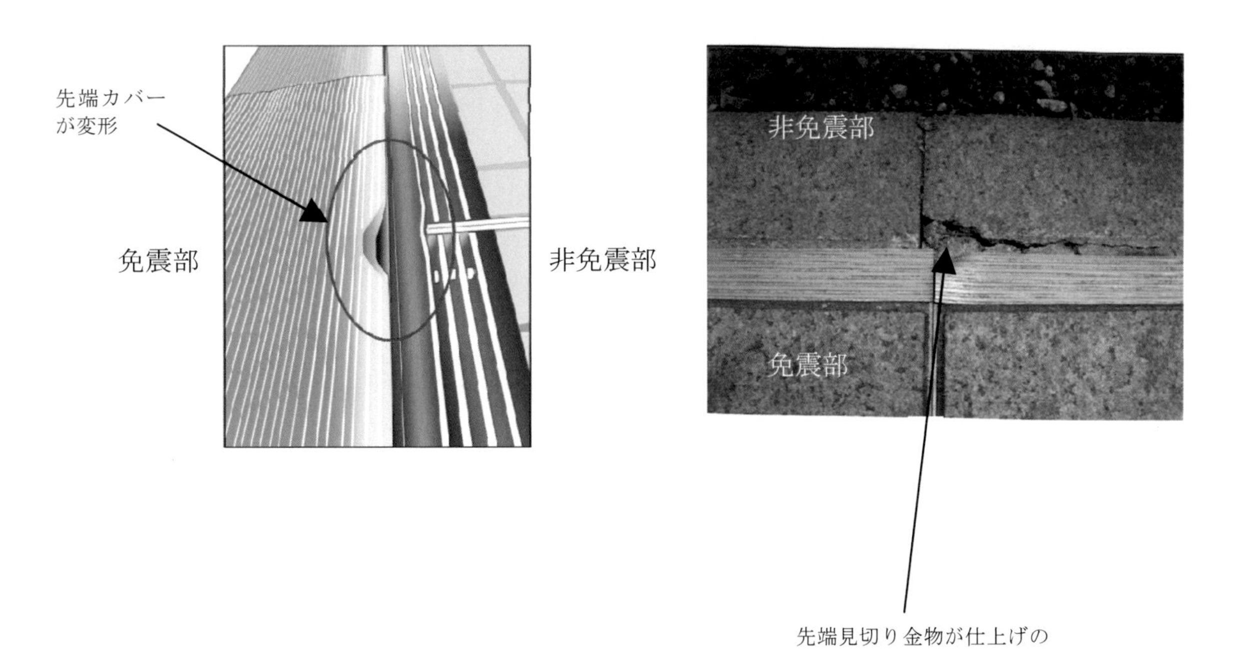

写真 5.2.1 不具合例

・可動範囲内に工作物（手摺支柱・消火器・看板サイン他）などを後施工しない（下記不具合例参照)。

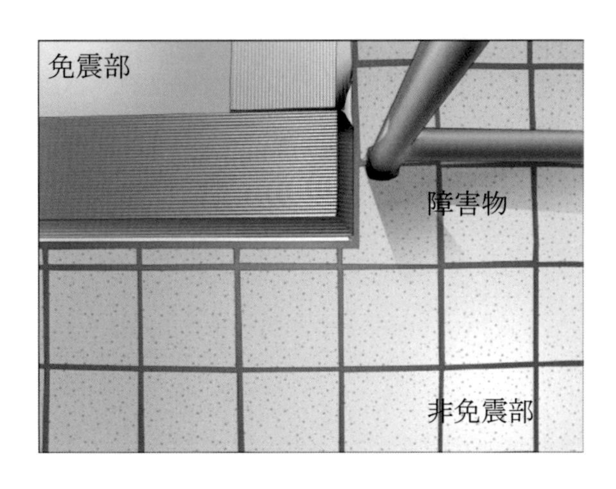

写真 5.2.2 不具合例

・動きを阻害するような不適切なシールを施さない（下記不具合例参照)。

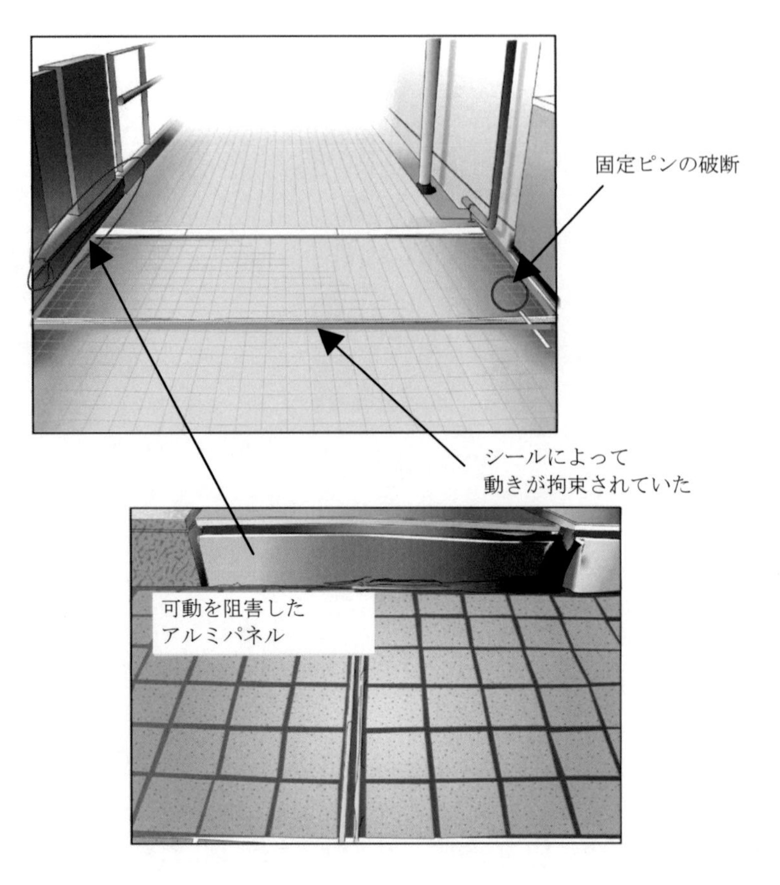

写真 5.2.3 不具合例

・石貼りなどの重量物による仕上げを採用している場合など、必要に応じて仕上げが想定されている荷重以下に納まっていることを事前に設計者に確認する。
・レールスライド式などのストッパーのあるものついては、ストッパーの強度にも注意する。

(2) 壁部免震 Exp.J 施工上の留意点

・免震 Exp.J と周辺部との間には十分な隙間を設ける。

・免震 Exp.J 自体の地震時の変形だけでなく、周辺部の仕上げも地震時には変位することを考慮してクリアランスを設定する。

・ヒンジを持つ機構のピン部などに動きを阻害するような不適切なシールを施さない（下記不具合例参照)。

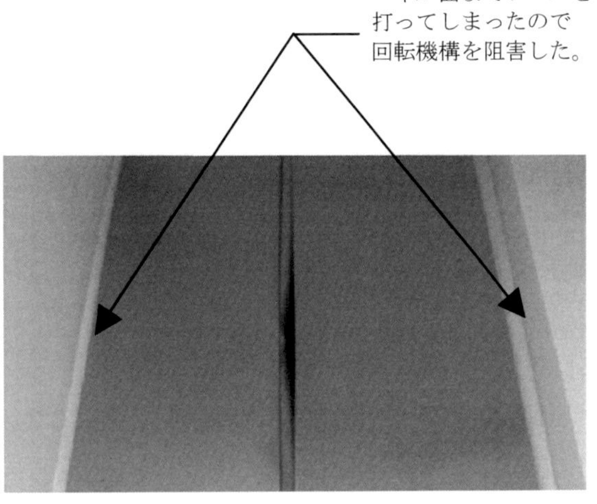

写真 5.2.4 不具合例

・床部および天井部の免震 Exp.J と連動する場合が多いため、相互に滑らかな可動ができるよう取合い部の納まりに十分配慮する。取合い部が複雑な機構が採用されている場合、可動試験による検証が望ましいので、施工者は事前に設計者に確認する。

・石貼りなどの重量物による仕上げを採用している場合は、下地の強度などに注意するとともに可動試験による検証が望ましいので、施工者は事前に設計者に確認する。

(3) 天井部免震 Exp.J 施工上の留意点

・可動範囲には免震パネルと干渉する可能性のあるような天井下地、設備配管、ダクト、防災設備、配管、配線などの配置に十分注意する（下記不具合例参照)。

・点検時に可動範囲がわかるような下吊り看板など設置しておく。

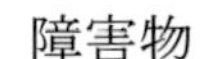

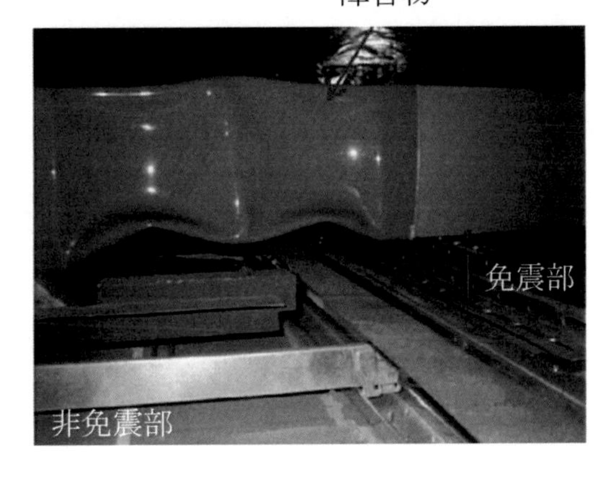

写真 5.2.5 不具合例

(4) その他の部位免震 Exp.J 施工上の留意点

・設計の内容に準じて、床、壁、天井免震 Exp.J との取合いに注意する。

・免震建物の外周部周りの免震 Exp.J と外構の工作物（門・塀・擁壁・車庫・駐輪場・看板・電柱他）、免震の動きを阻害するような樹木・植栽・生垣などとの干渉を避け、十分なクリアランスを確保する（下記不具合例参照）。

写真 5.2.6 不具合例

・雨水の流入、土、埃や落葉の堆積などの詰まりによる作動不良などに注意する。

・外部で人の歩行スペース、駐車スペースや緊急自動車寄り付き部では、有効スペース幅などが変位時に狭くなったり、床がせり上がって不陸や隙間ができたりすることがないか施工前に十分確認する。また、その位置に免震建物部の可動範囲を明示するなど注意喚起することが望ましい。

第６章　検査における留意点

6.1　書類確認

設計者、監理者、施工者は要求性能を満たす免震 Exp.J を確実に製作するため、製作に先立って書類確認を行う。

可動性を有する特殊部位である免震 Exp.J が、実際の建物において確実にその役割を果たすべく、目標性能と保有性能を明確にして製作前に確認する。製作者は下記項目について書類を作成し、製作に先立って設計者、監理者、施工者の確認を受ける。

表 6.1.1 書類確認要領

検査対象	判定基準
施工図 シミュレーション図	・必要クリアランスや作動に必要な寸法が確保されているか。 ・各変形状態において、平面的、断面的な動きに問題が無いか。 ・想定最大残留変位への対応がなされているか。 ・メンテナンス性に配慮されているか。
仕様書	・強度、耐久性に関連する材料の種類や規格が適切か。 ・仕上げの方法やその仕様が適切か。
強度検討書	・設計用荷重が明確になっているか。 （積載荷重、地震時慣性力、作動時抵抗力、風荷重） ・各部の強度検討がなされているか。 （下地材、皿板、補強材、固定ピン、スライドレール）
製品検査要領書 製品検査成績書	・各部寸法についての測定部位、許容誤差等の設定が適切か。 ・検査記録フォーマット、測定値が適切か。

(1) 図面（施工図・シミュレーション図）

図面に製品のクリアランスが明示されており、免震クリアランスとの関係が明確になっていることを確認する。免震層レベル以外の各部における必要クリアランスは、免震層の変形量に加え、設置階までの建物変形や、接続する建物の変形も考慮する必要があるため注意を要する。また、先端金物とその先の見切り板との位置関係など、正常に作動するために必要な寸法も確認する。

残留変位対策として、微小な変形時にはせり上がりを生じないなどの対応が望ましいので、設置位置における残留変位や施工誤差の想定値と対応する部位の寸法を確認する。

各部の可動性の確認においては、単独の製品としての可動性に加え、近接して設置される他の免震 Exp.J との関係にも配慮して確認を行う。特に可動範囲が重なるものについては動きが干渉しないこと、隙間が生じないことをシミュレーション図にて確認する。

強度検討に用いた部材については、その寸法、材料仕様が施工図に明記されていることを確認する。

(2) 仕様書

主要な部位の材料として用いられる、鋼材・アルミ材・ゴム材・その他について、JIS 等の規格名と規格値を確認する。特に強度検討に用いられる材料については、基準強度の設定が確認できる規格であることを確認する。

仕上げとしては、防錆塗料・溶融亜鉛メッキ等について、規格名と規格値を確認し、耐久性、耐火性に関する基準との照合結果を確認する。基準が明確では無い場合においては、耐火試験、促進試験、耐候性試験などの試験結果を確認する。

(3) 強度検討書

設計者は、各部が長期荷重、地震時慣性力、作動時抵抗力、風荷重の何れに対しても十分な強度を有することを確認する。

地震時に作用する力の確認に際しては、通常想定する地震力（自重に起因する慣性力）に加えて、可動する際に作用する抵抗力（摩擦力等）に対しても十分に配慮する必要がある。その際、X 方向（可動方向）のみでなく、Y 方向（直交方向）に荷重がかかった場合における、回転方向の反力等、各方向への加力状態を漏れなく確認を行う必要がある。

取付部については、免震 Exp.J 本体、接合部材（取付金物やボルト）の検討だけでなく、建物本体側の検討も併せて確認する。その際、各荷重ケースにおいて躯体に作用する反力が明確であるかを確認し、その反力に対する躯体の強度検討を確認する。

(4) 製品検査要領書

実際の製品が要求性能を満たすことを確認するために必要な検査項目、検査仕様、判定基準などの検査要領を確認する。

寸法検査における測定部位は、要求性能に対して図面で確認した各寸法の全てを対象とすることを基本とする。また、その測定方法、許容誤差の範囲などが適切に設定されているかを確認する必要がある。

6.2 製品検査

施工者は製作された免震 Exp.J が要求性能を満たすことを確認するため、納入に先立って製品検査を行う。

書類検査で確認した各項目について、実際の製品を確認する。製作者は下記項目について事前に自主検査を実施し、製品の状態を確認して記録する。また、製品検査の実施に際しては、設計者、監理者の立会検査を基本とする。

表 6.2.1 製品検査要領

検査内容	実施基準・判定基準
対物検査 (寸法・外観)	・各部寸法が許容値以内に納まっていること。 ・部分毎のパーツに分かれている場合、組立検査により作動性の確認を行う。 ・可動性、メンテナンス性に支障がないこと。 ・メッキ・塗装等の仕上げに異常がないこと。
書類検査	・材料・仕上げの規格が、仕様書通りであることを、鋼材のミルシート・JIS 規格証明書等、規格を示す証明書類にて確認を行う。 ・自主検査記録の確認を行う。
実機可動検査	・標準品としての試験の実績が無い製品、および設計図書に特記がある場合は、実機による可動性能確認検査を行う。

(1) 対物検査

製作された免震 Exp.J が、図面に表記された寸法・性能について、齟齬の無いものであることを確認する。

寸法検査では、各部の寸法が検査要領書に記載の方法で適切に計測されていること、その値が許容値の範囲内であることを確認する。なお、測定値の許容誤差は事前に取り決めておき、検査要領書に記載する。許容誤差を超えたものの取扱いについては、本体躯体の施工方法、施工誤差などを勘案して、誤差の吸収方法を関係者と協議して対処方法を決定する。

(2) 書類検査

材料規格の確認は、特に耐力に関する検討を行っている部分、可動性に関する重要部位について、JIS 規格を基本として材料規格の確認を行う。鋼材に関してはミルシートの確認を行うこととし、各部材の使用材料のトレーサビリティーの確認も行うことが望ましい。

(3) 実機可動検査

標準品として実績のある製品の場合を除き、実際の製品に即した可動性能確認試験を行うことを基本とする。実施する際の試験方法は、「4.4 試験方法」に準ずる。

6.3　施工時検査

施工者は免震 Exp.J が実際の建物に設置された際、図面に表記された性能を発揮できる状態であることを確認するため、免震 Exp.J の設置前、設置後に施工時検査を行う。

施工者は免震 Exp. J 設置前後に施工時検査を実施し、設置前後の状況を確認して記録する。また、施工時検査の実施に際しては、設計者、監理者の立会検査を基本とする。

免震 Exp.J の設置前には取付け部の寸法、ディテールが想定した施工誤差範囲であり取り付けに支障がないことを確認し、設置後には取付部の状態が図面に示される通りであること、および免震 Exp.J の可動領域の範囲内における、建物の他の部分や他の免震 Exp.J 等との関係が図面で検証した通りであることを確認する。また、図面に記されている想定最大残留変位以上のクリアランスが確保されているか確認する。

免震 Exp.J の機能上重要な可動部位が施工後に確認できない場合が多いため、施工時検査においては施工者は部位毎の写真記録などの詳細な施工記録をとる必要がある。

6.4　竣工時検査

施工者は設置された免震 Exp.J が、施工時検査以降の工程により性能が阻害される状態になっていないことの確認を行う。

施工者は竣工時検査を実施し、竣工時の状況を確認して記録する。また、竣工時検査の実施に際しては、設計者、監理者の立会検査を基本とする。

免震 Exp.J の設置後の工程における、外構工事、内外装工事、および設備工事等により、免震 Exp.J の性能を阻害する状態になっていないかの確認を行う。具体的には、可動領域内に物が設置されていないこと、可動部に不要なシールが打たれていないことなどを確認する。

また、「施工図、取扱説明書、施工結果報告書」を建築主に提出し、維持管理上の留意点について十分な打合せを行うことが望ましい。

第7章　維持管理上の留意点

7.1　維持管理の方針

免震 Exp.J の性能を常時発揮するため、定める管理要領に従い定期的に点検を行う。

建物が竣工した後においても、免震 Exp.J が健全に作動するためには、建物管理者は定期的に点検をする必要がある。対象となる免震 Exp.J の位置を図示するなどして、維持管理要領書を作成し、材料の耐久性能や可動量に応じて、免震 Exp.J の性能が健全に維持されていることを点検により確認することが必要である。また建物管理者は、維持管理記録を保管管理する。

7.2 耐久性能

(1) 材料の耐久性

免震 Exp.J の使用材料により、耐久性が異なることに留意する。

免震部材のアイソレータは被覆ゴムにより内部を保護し、さらに免震層内あるいは耐火被覆材により材料は外部環境の影響を直接受けにくい状況にある。

免震 Exp.J は仕上材の用途も兼ねる場合が多く、使用状況、設置環境および経験する地震の大きさとその頻度によりその寿命は大きく異なるものと予測される。免震 Exp.J は、想定される使用条件下での疲労・腐食・経年劣化などの要因に対して材料特性、強度、耐食性、耐候性などを考慮して設計されているが、耐久性は半永久的ではなく、コスト面も踏まえ目標耐用年数に基づいた材料が選定されていることを認識する必要がある。たとえば、発錆などによって要求性能に支障をきたすおそれのある部位については、ステンレス鋼を用いることも多いが、溶融亜鉛めっき等の防錆処理を施した鋼材が用いられることもあり、経年劣化による防錆剤の剥離等が生じた場合は補修が必要となる。

(2) 耐用年数

建物管理者は免震建築物の耐用年数を考慮して定められた耐久性能を維持していることを確認する。

免震部材の中でアイソレータやダンパーは、60 年以上の経年変化を考慮した構造設計が行われており、中には 100 年程度の耐久性を促進劣化試験などにより確認している免震部材も存在する。それに比べ、免震 Exp.J に建物と同等以上の耐用年数を求めることは、現状では困難であることから、特に長期間を経過した時の性能の確認には注意が必要である。

免震 Exp.J は屋外および居住空間に設置される建築部材であり、その耐用年数は設置環境、建物用途やメンテナンス頻度などにより大きく異なる。一般的に免震 Exp.J の耐用年数は、使用材料にもよるが 10 年～20 年程度である。竣工時に設計者および施工者は、建物所有者に免震 Exp.J の耐久性の説明を行い、点検時期や点検内容を示す必要がある。また建物所有者・建物管理者は定期点検の結果や専門技術者による診断に基づき、免震 Exp.J の補修・交換を行う。ただし、免震 Exp.J の局部腐食等による軽度の損傷については、免震 Exp.J の機能を阻害しない状態であれば、補修・交換する必要はないものと判断できよう。

免震 Exp.J は設計条件を超える過度の負担(設計荷重を超える負荷など)や、強酸などのクリーニング材や劇薬などにより劣化が促進する場合もあるので、建物管理者は製作者提示の取扱説明書などで使用上の注意事項を確認し、維持管理に留意することが耐久性保持のために重要である。また、沿岸地帯や重工業地帯などの過酷な腐食環境においては、目標耐用年数まで十分な耐久性能を保持することが困難な場合があるので、特に維持管理には注意を要する。

7.3 維持管理と点検

(1) 点検時期

建物管理者は建物の免震維持管理基準に準じた点検時期に点検を行う。

免震 Exp.J の性能をいつでも発揮するためには、維持管理としての点検を怠ってはならず、周期的に点検を行うことが必要である。点検時期としては、建物の免震維持管理基準に準じて、竣工時検査・定期点検・応急点検および詳細点検などがある。

定期点検は、日常的変化または経年変化に起因する異常がないか調べ、応急点検は、大地震・台風や火災・洪水などの災害を受けた直後に、災害による影響の有無を調査する。ここで、点検の基準とする地震のレベルは、当該建物の建設地近傍の地震震度によって判断されるが、中地震程度でも変位が大きい場合があることにも注意が必要である。詳細点検は、定期点検や応急点検時で異常が見つかった際に実施する。

各点検時期の概要について表 7.3.1 に示す。

表 7.3.1 点検時期

	点検時期	実施者	点検の目的
竣工時検査	竣工時	専門技術者 （工事監理者立会）	正しく施工され作動に支障がないか確認する。
定期点検(1)	1 年に 1 回程度 （状況に応じて、関係者協議により簡略化、省略可。）	原則、専門技術者	異常の早期発見と事故の防止を図るために、製品やその使用状況を確認する。 日常的変化または経年変化に起因する異常がないか調べる。
定期点検(2)	竣工 5 年後、10 年後、以降 10 年毎に実施	専門技術者 （製作者の立会が望ましい。）	
応急点検	大地震や台風・火災・洪水などの災害発生直後	原則、専門技術者（設計者または施工者対応可）	大地震や台風・火災・洪水などの災害を受けた直後、速やかに製品への影響の有無を確認する。
詳細点検	定期点検や応急点検で異常が発見された時	製作者 （設計者または施工者立会が望ましい）	異常が発見された箇所の原因究明を行う。

(2) 点検部位・項目

施工者は免震 Exp.J の適切な維持管理を行うため、必要な点検部位と項目、および作動状況の概要図を維持管理要領書に記載することが望ましい。

・点検部位

免震 Exp.J は、屋内外を含め床、壁、天井などに設置されており、また免震層の階のみならず上階を繋ぐ渡り廊下のような特殊な部位にも設置されている場合がある。点検部位を図面にハッチングなどをした資料を作成することで、以後の点検を適切に行うことが可能となる。

・点検項目

各部位の免震 Exp.J の点検には、可動状況、損傷状況、劣化状況及び密閉状況を踏まえ、下記の項目などがあげられる。

①障害物の有無 ・・・・可動域に障害物が無いことを確認する。
②作動機構 ・・・・機構、作動上問題がないことを確認する。
③仕上材、シール ・・・・有害な劣化がないことを確認する。
④鋼材の発錆 ・・・・著しい赤錆、浮錆がないことを確認する。
⑤取り付け部の躯体状況・・・亀裂などがないことを確認する。
⑥残留変形 ・・・・有害な変形がないことを確認する。
⑦免震 Exp.J パネルの状況 ・・パネルに損傷やがたつきのないことを確認する。
⑧漏水 ・・・・漏水していないことを確認する。

それぞれの点検項目については、各点検時期により点検の要否は異なり、免震 Exp.J の設置状況や、設置環境により、点検項目を選定することが望ましい。

上記の点検部位・項目をもとに、代表的な免震 Exp.J の各機構において、特に床・壁・天井の免震 Exp.J の維持管理に注意すべき事項を図 7.3.1～図 7.3.3 の図中に示す。いずれも、正常に挙動するのを妨げる要因となりうる内容を示している。このように、免震 Exp.J の機構により地震時の挙動が異なるため、作動した際の挙動を図解したものを保存することで、維持管理時の機構の確認や障害物のチェックが容易となる。

(3) 点検方法

免震 Exp.J の点検は、建物管理者より依頼を受けた専門技術者が行うこととし、目視を基本として適切な点検を実施する。

点検は原則として専門技術者や免震建物点検技術者有資格者が実施するものとし、点検を行う際には目視による検査が基本となるが、劣化が進みそうな部位においては、異常の早期発見のために打診による検査を行い、また必要に応じて仕上材を外して機構を確認するなど、機能の要となる部分を点検することが望ましい。なお必要に応じて障害物が可動域にかかるか否かを計測により確認する。また、点検において異常が発見された場合には、本体パネルや部品を外して詳細点検を行うことが必要である。

各種機構の点検方法に共通する留意点としては、以下の事項があげられる。

①地震時にどのように作動するかを理解した上で、その作動を妨げたり、干渉したりするような障害物（シールなどの仕上材も含む）が可動範囲に存在していないか。

②パネルを取り付けるボルトなどのゆるみや破損、またそれに伴うがたつきがないか。

③パネル自体に作動を妨げるような損傷、残留変形、劣化などがないか。

また、特に居住空間の一部分に免震 Exp.J が設置される場合、建物利用者があやまって可動範囲に障害物を置かないよう、建物管理者へ取扱説明書などを配布し、障害物がないか常時注意してもらうなどの処置も大切である。そのため、点検方法について参考例を記載したり、各機構の挙動と点検上の留意点を図に示すことが望ましい。

ここに、各点検時期における点検項目および判定基準を表 7.3.2 に示す。

表 7.3.2 定期点検要領

点検内容	点検項目	点検方法	判定基準	点検時期			
				竣工時	定期(1)	定期(2)	応急
可動状況	障害物の有無	目視	可動域に障害物がない。	○	○	○	○
損傷・劣化状況	作動機構※	目視	機構、作動上問題がない。	○		(○)	(○)
	仕上材、シール	目視	有害な劣化がない。		○	○	○
	鋼材の発錆	目視	著しい赤錆、浮錆がない。	○	○	○	
	取り付け部の躯体状況	目視	亀裂などがない。	○	○	○	○
	残留変形	目視	有害な変形がない。	○			○
密閉状況	漏水	目視	漏水していない。	○	(○)	○	

※作動機構：変状（たわみ、ひずみなど)、ボルト・ナット類の取り付け状況などを確認する
（　）は状況や必要性に応じて点検する。

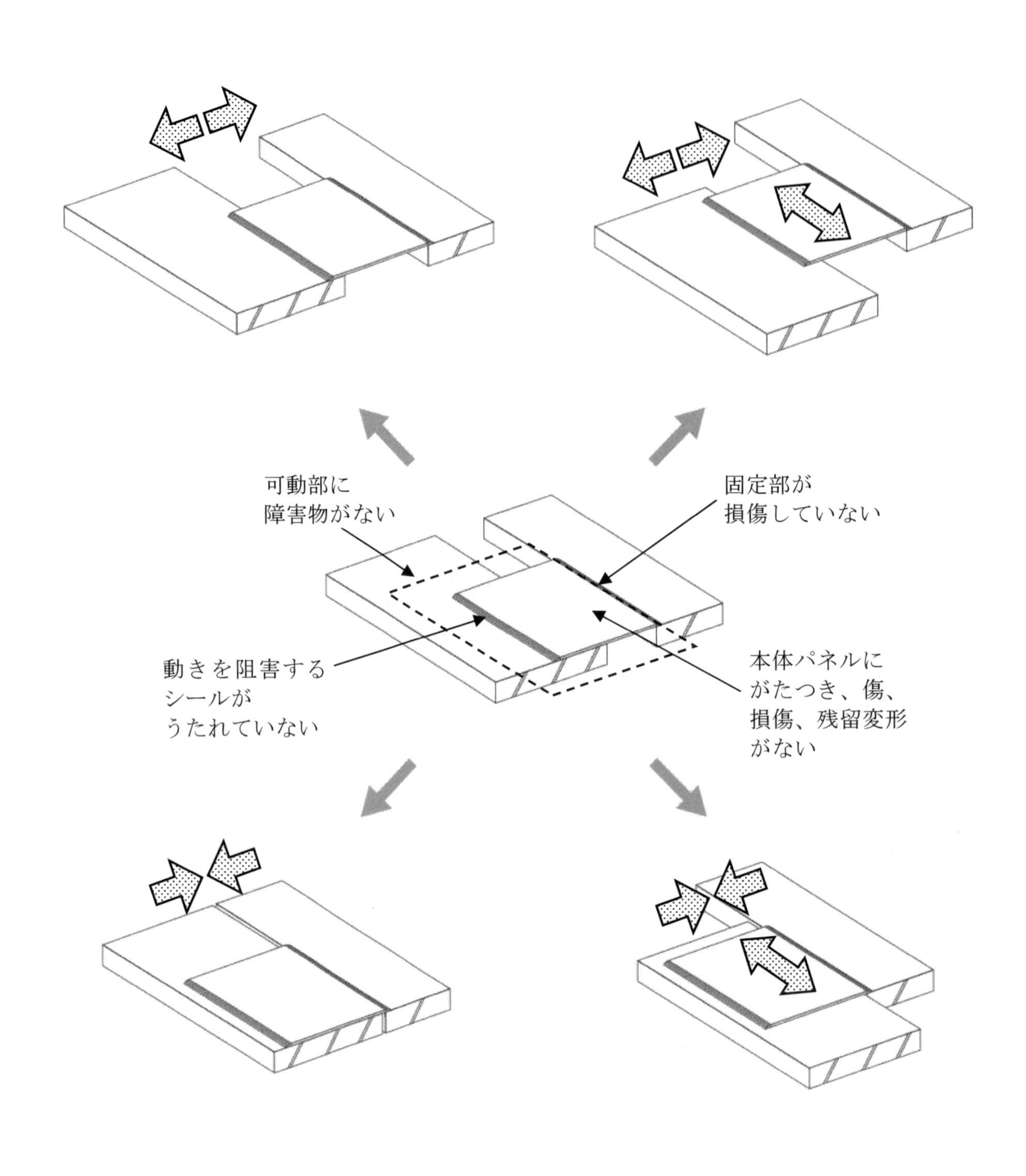

図 7.3.1(a)　X 方向：スライド式　Y 方向：スライド式

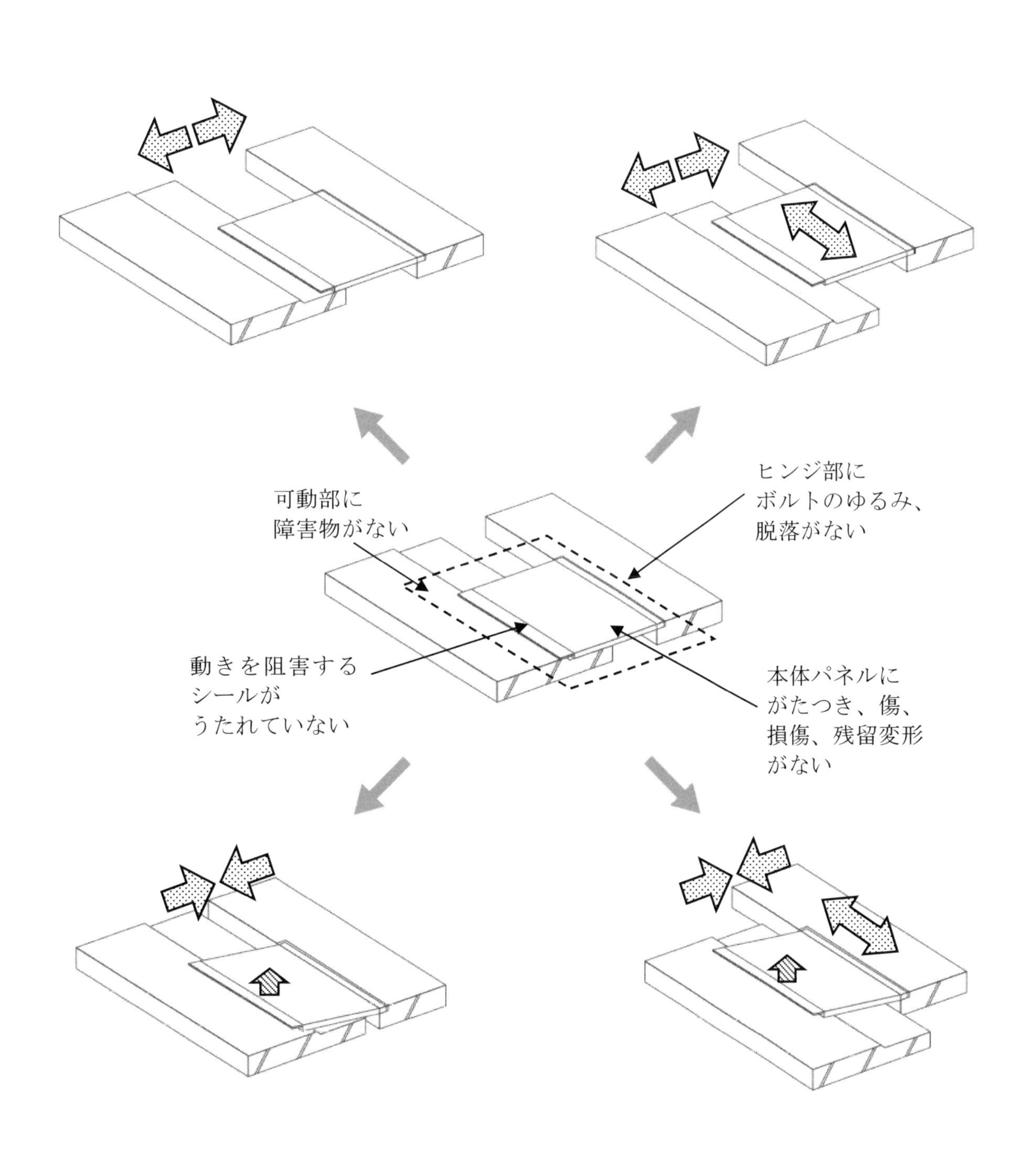

図 7.3.1(b)　X 方向：片側せり上がり式　Y 方向：スライド式

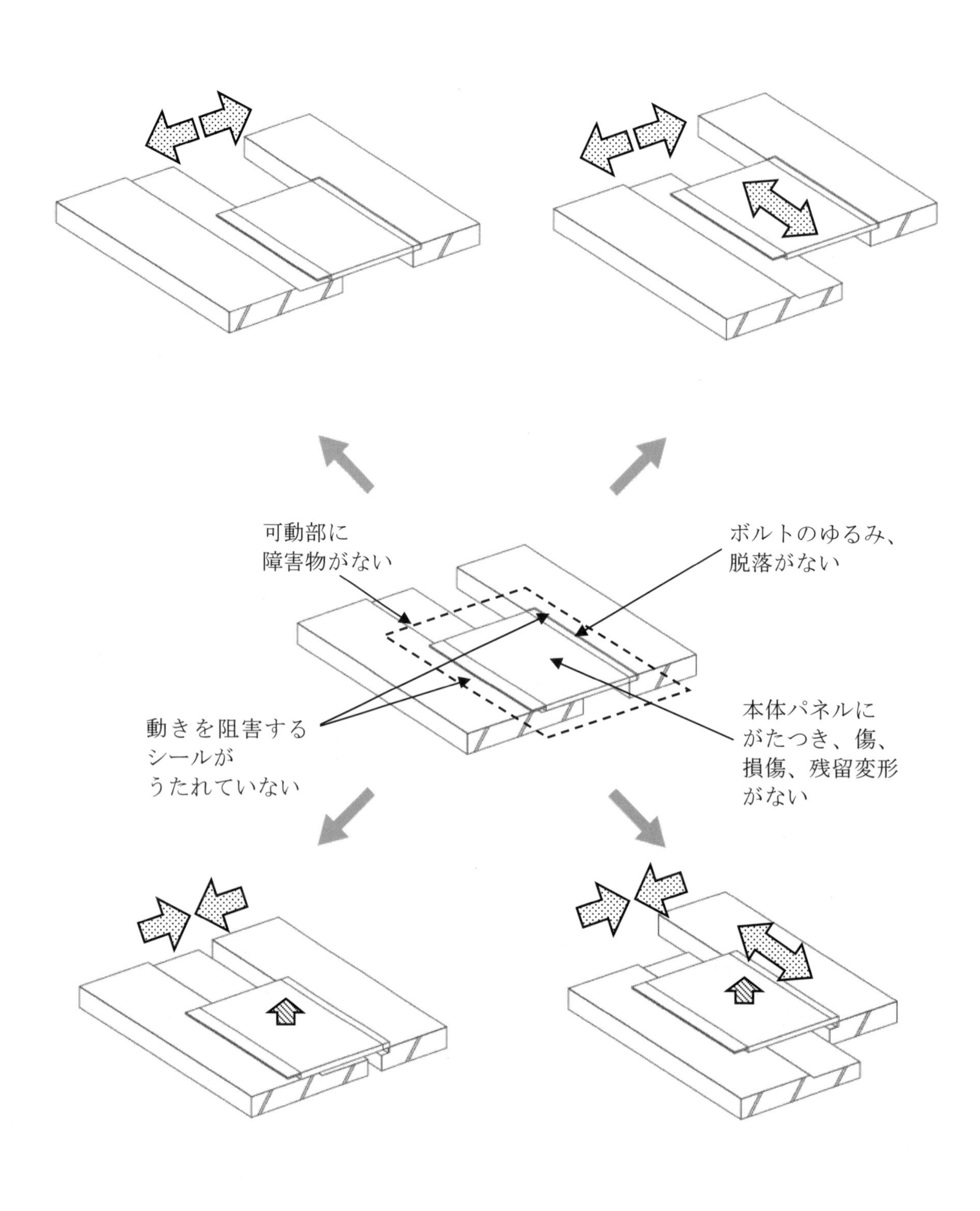

図 7.3.1(c)　X 方向：固定側せり上がり式　Y 方向：スライド式

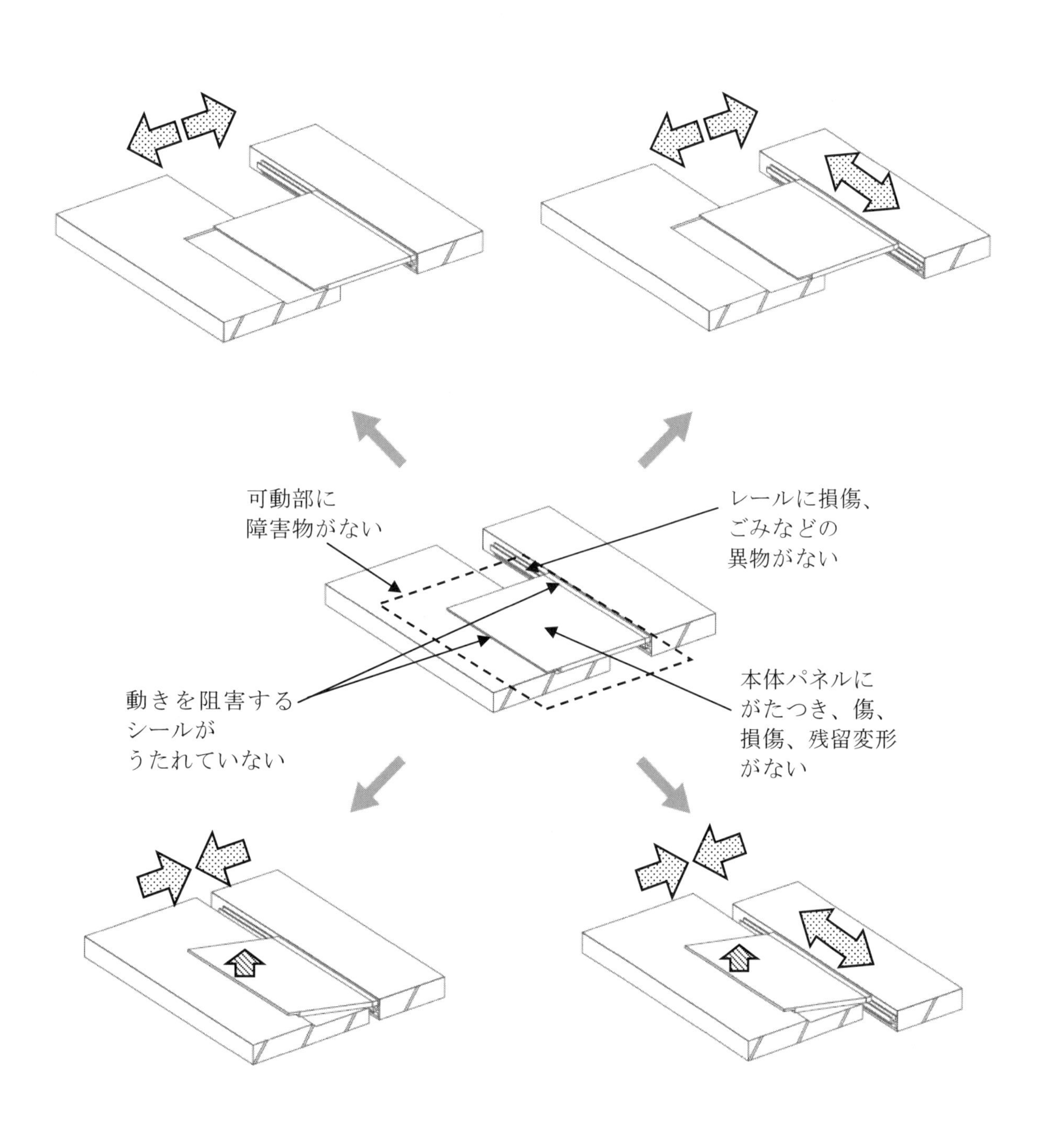

図 7.3.1(d)　X 方向：片側せり上がり式　Y 方向：レールスライド式

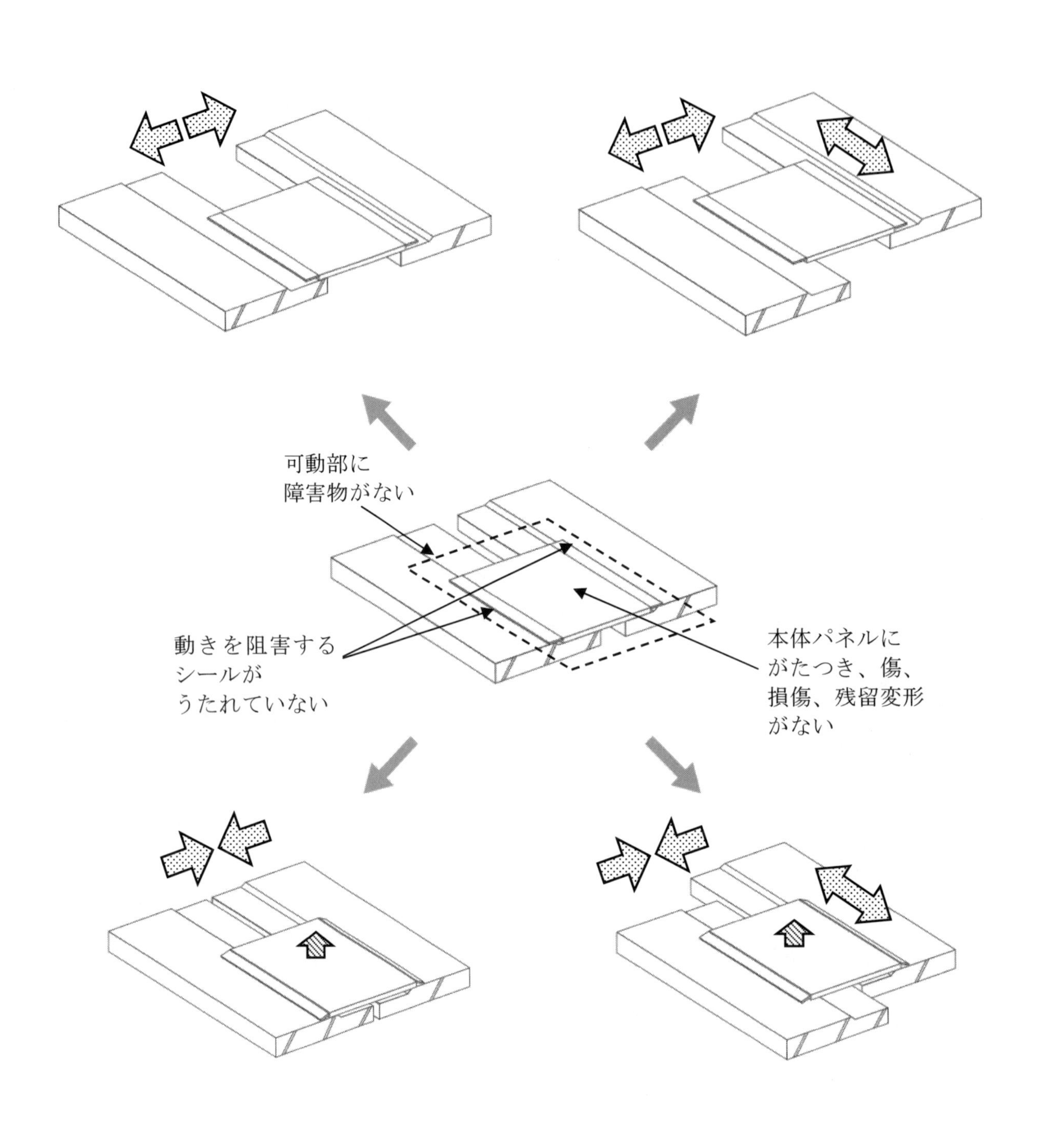

図 7.3.1(e)　X 方向：両側せり上がり式　 Y 方向：スライド式

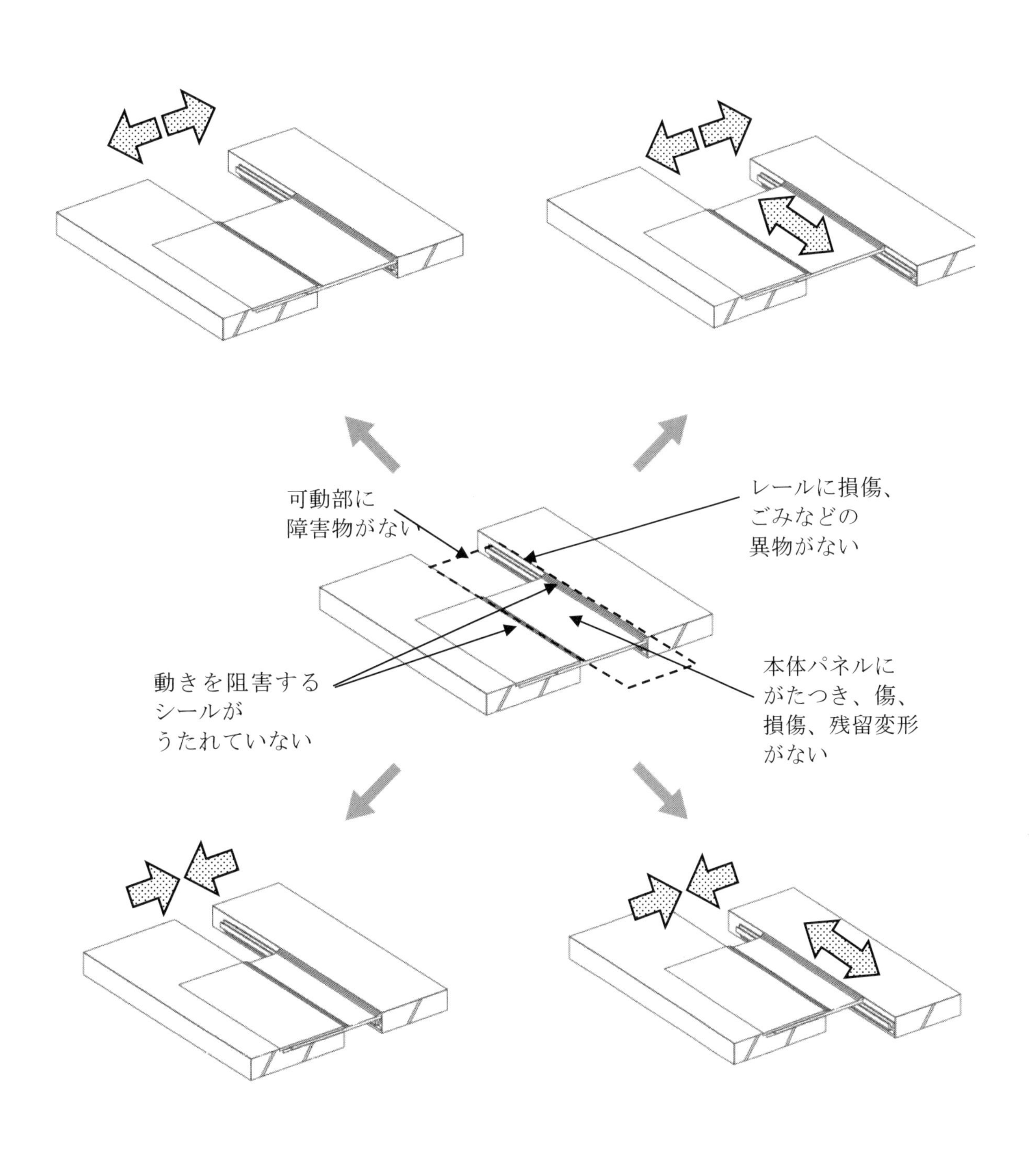

図 7.3.1(f)　X 方向：片側のみ込みスライド式　 Y 方向：レールスライド式

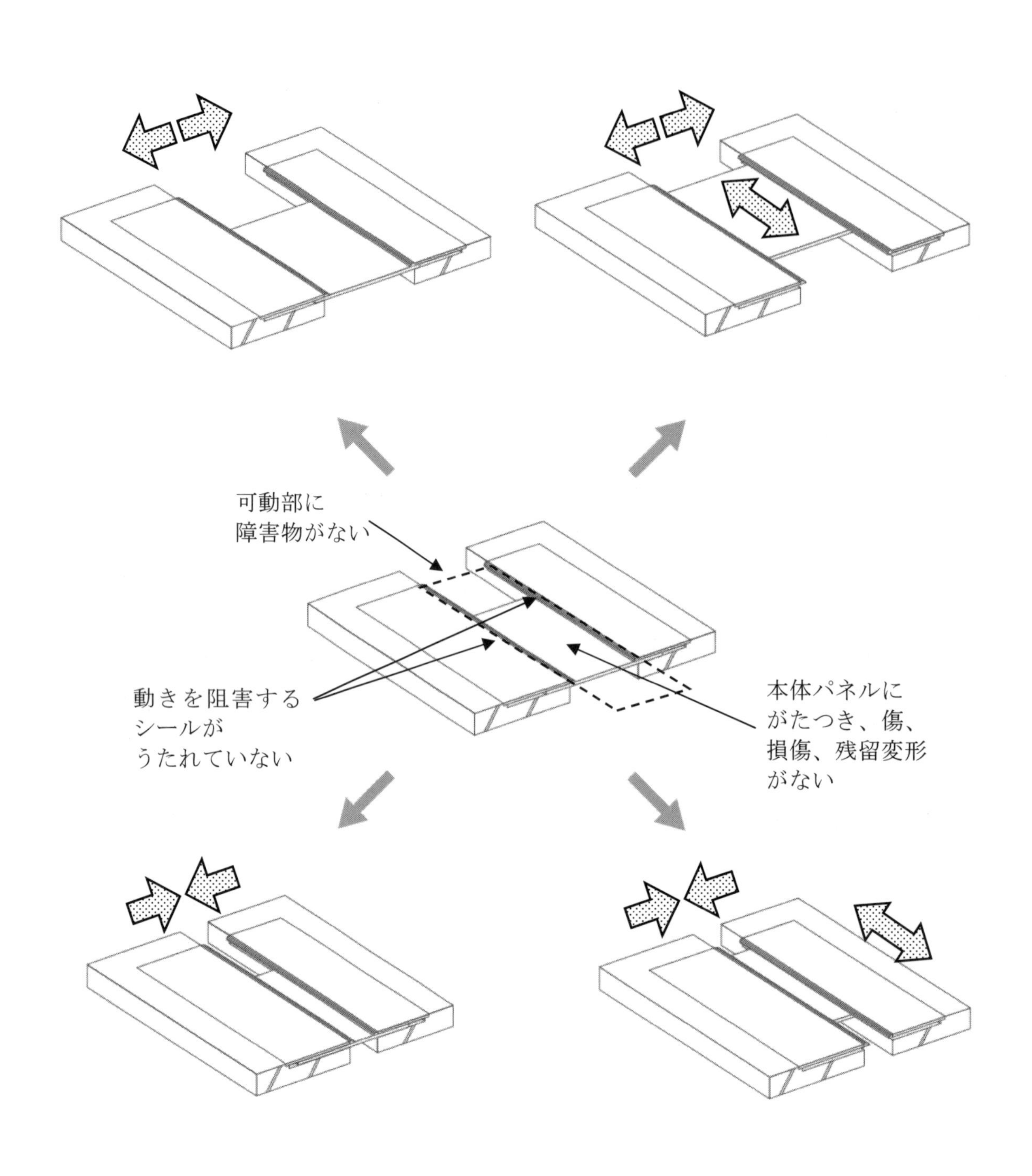

図 7.3.1(g)　X 方向：両側のみ込みスライド式　　Y 方向：スライド式

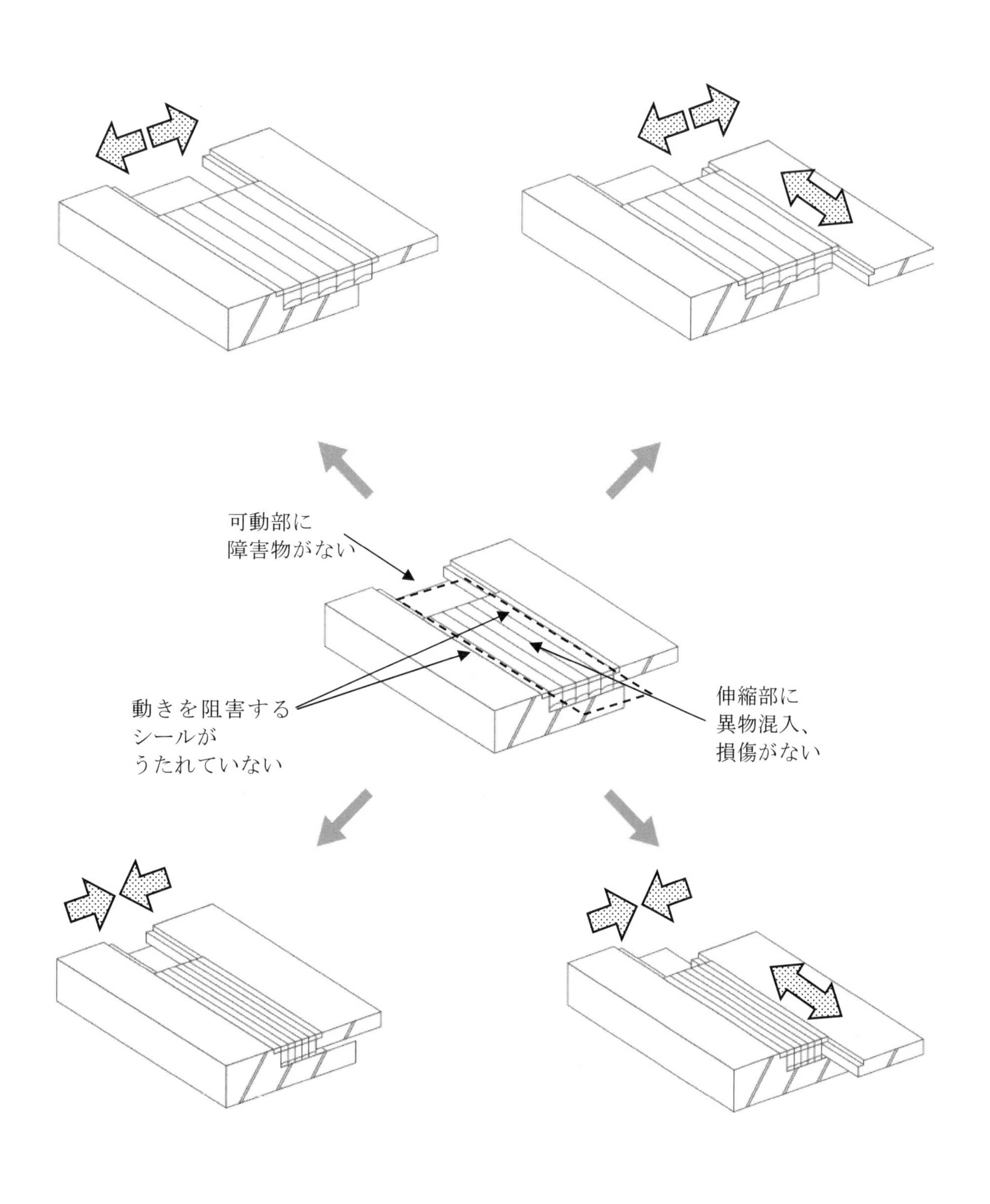

図 7.3.1(h)　X 方向：伸縮式　 Y 方向：レールスライド式

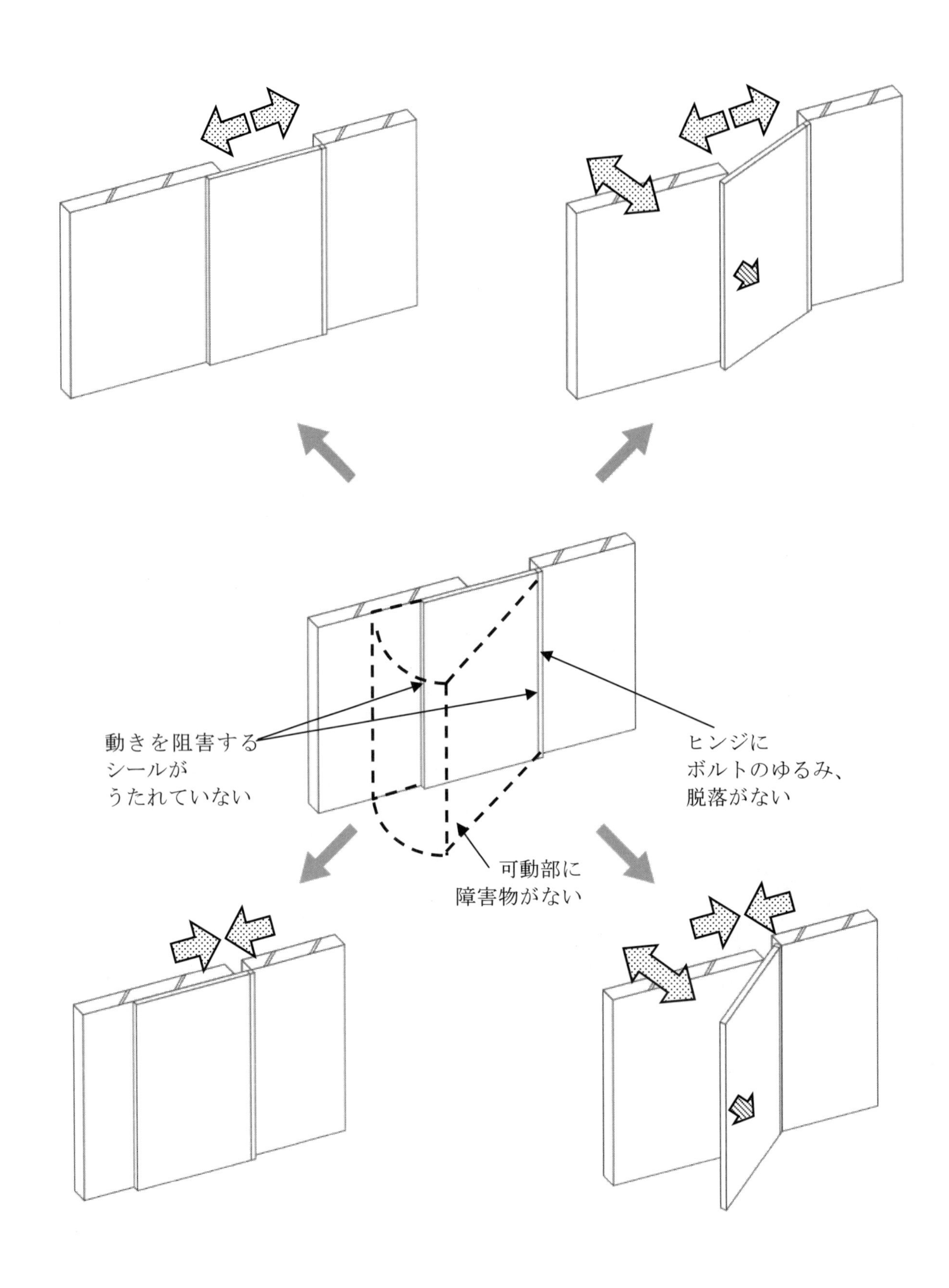

図 7.3.2 (a)　X 方向：スライド式　　Y 方向：ヒンジスライド式

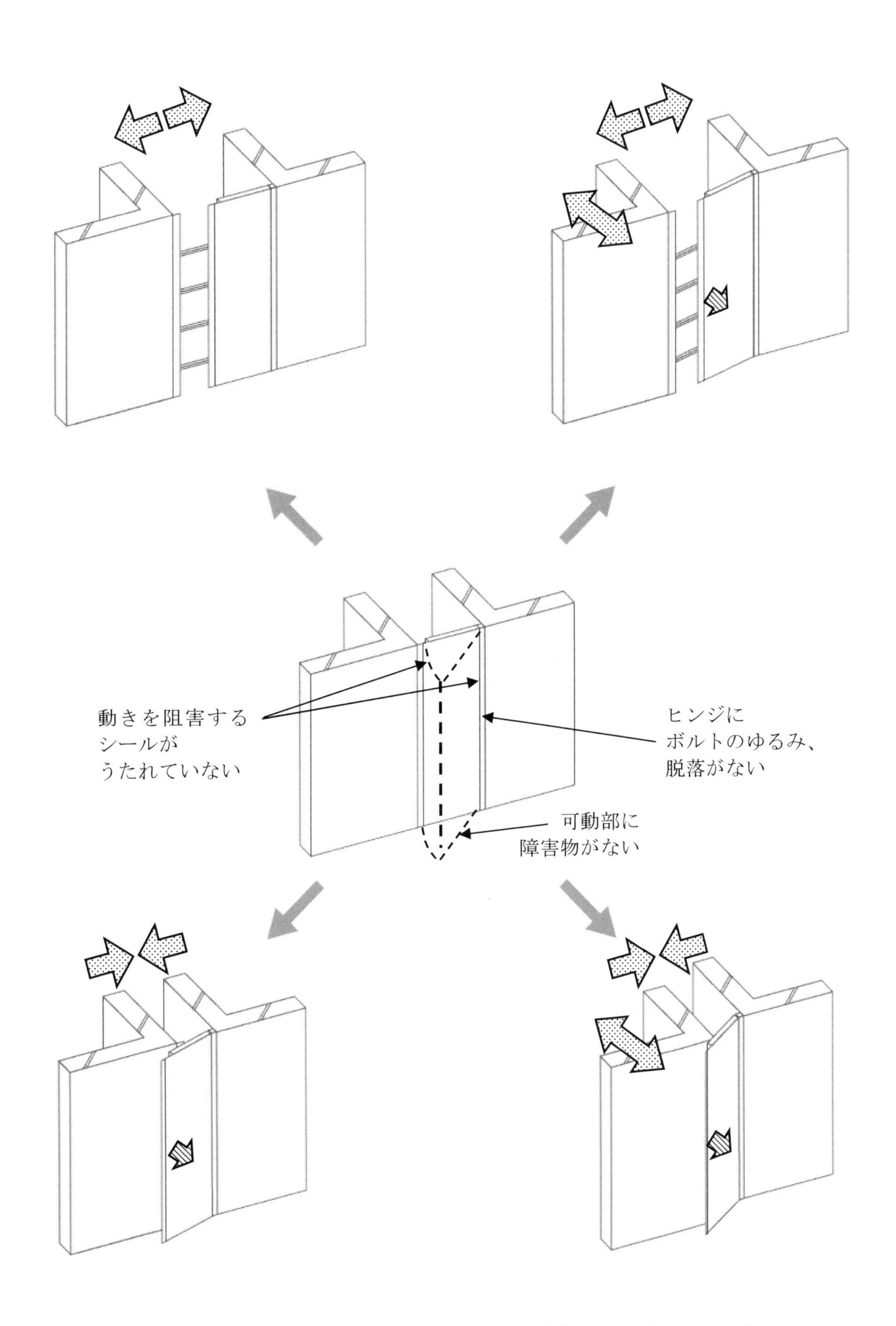

図 7.3.2(b)　X 方向：片側せり出し式　Y 方向：ヒンジスライド式

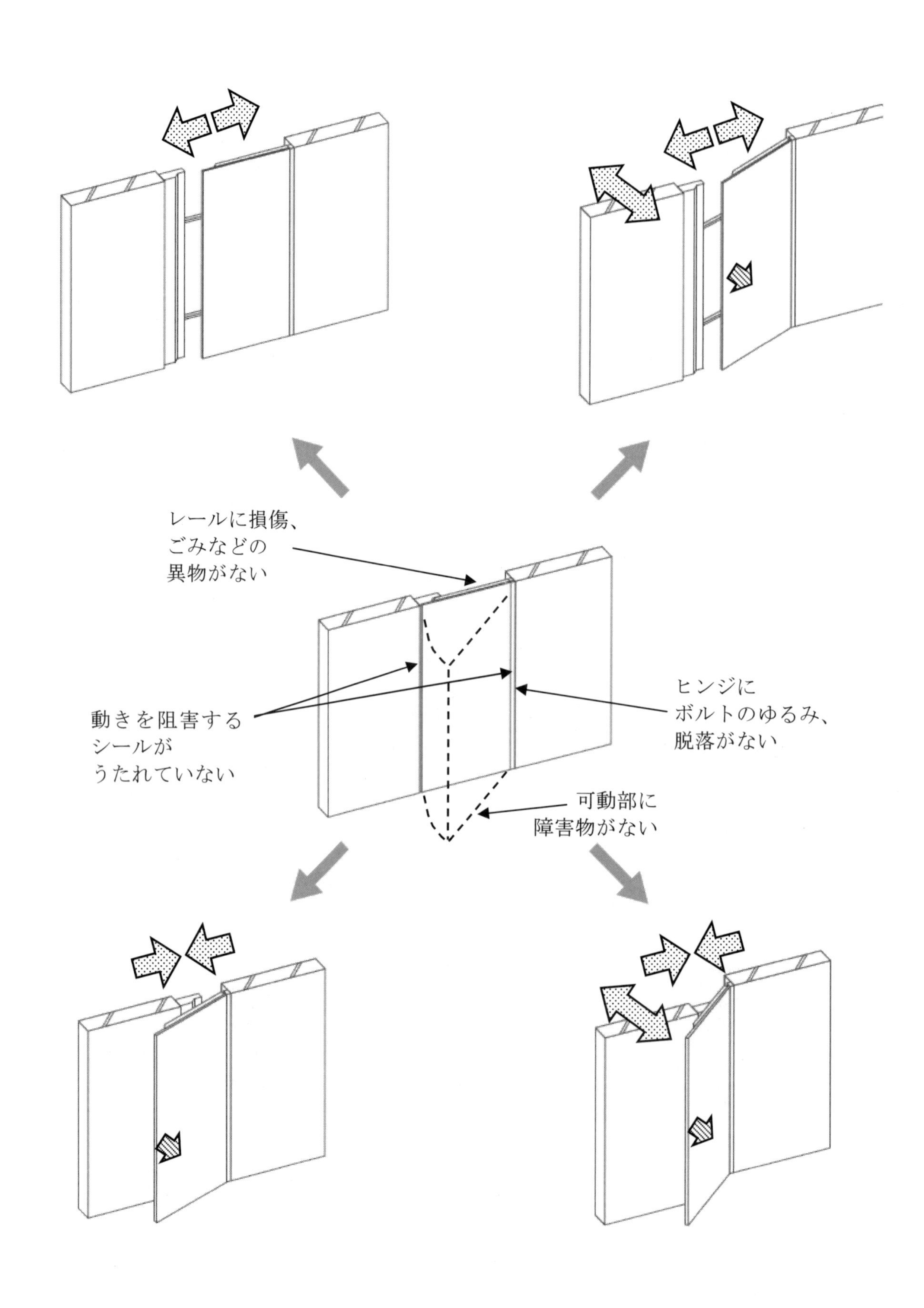

図 7.3.2(c)　X 方向：片側せり出し式　Y 方向：ヒンジレール式

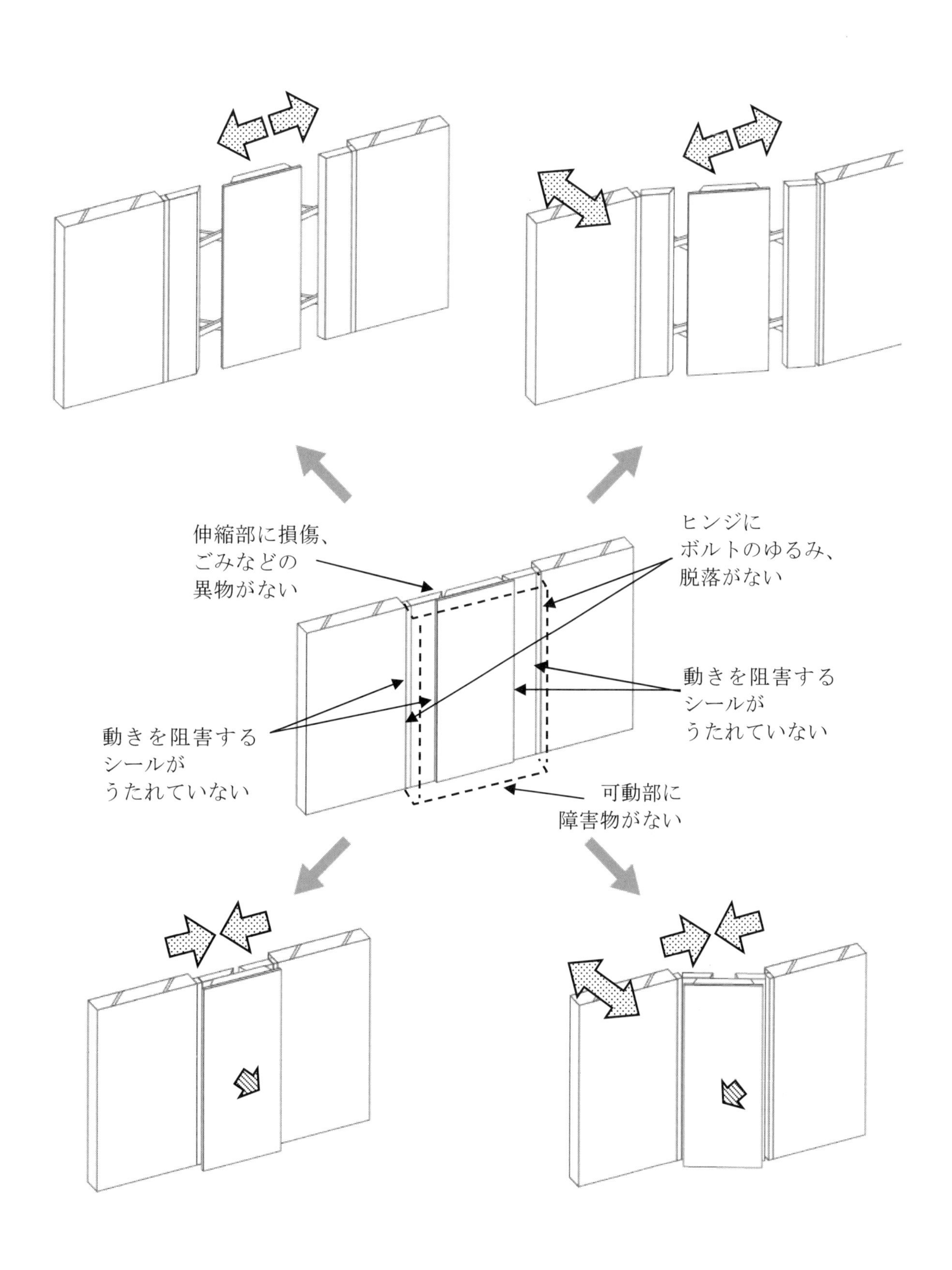

図 7.3.2 (d)　X 方向：両側せり出し式　Y 方向：ヒンジ伸縮式

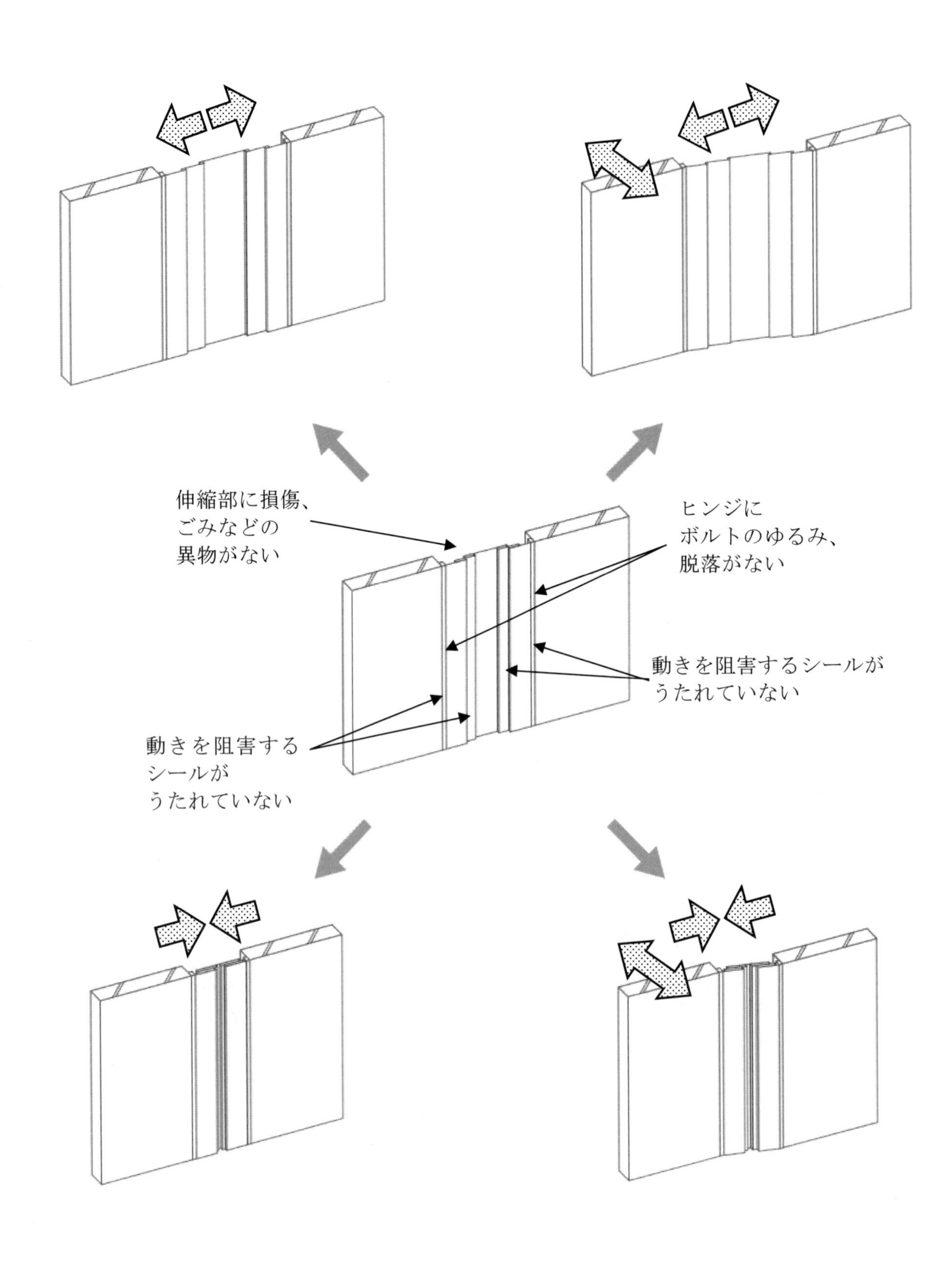

図 7.3.2 (e)　X 方向：伸縮式　Y 方向：ヒンジ伸縮式

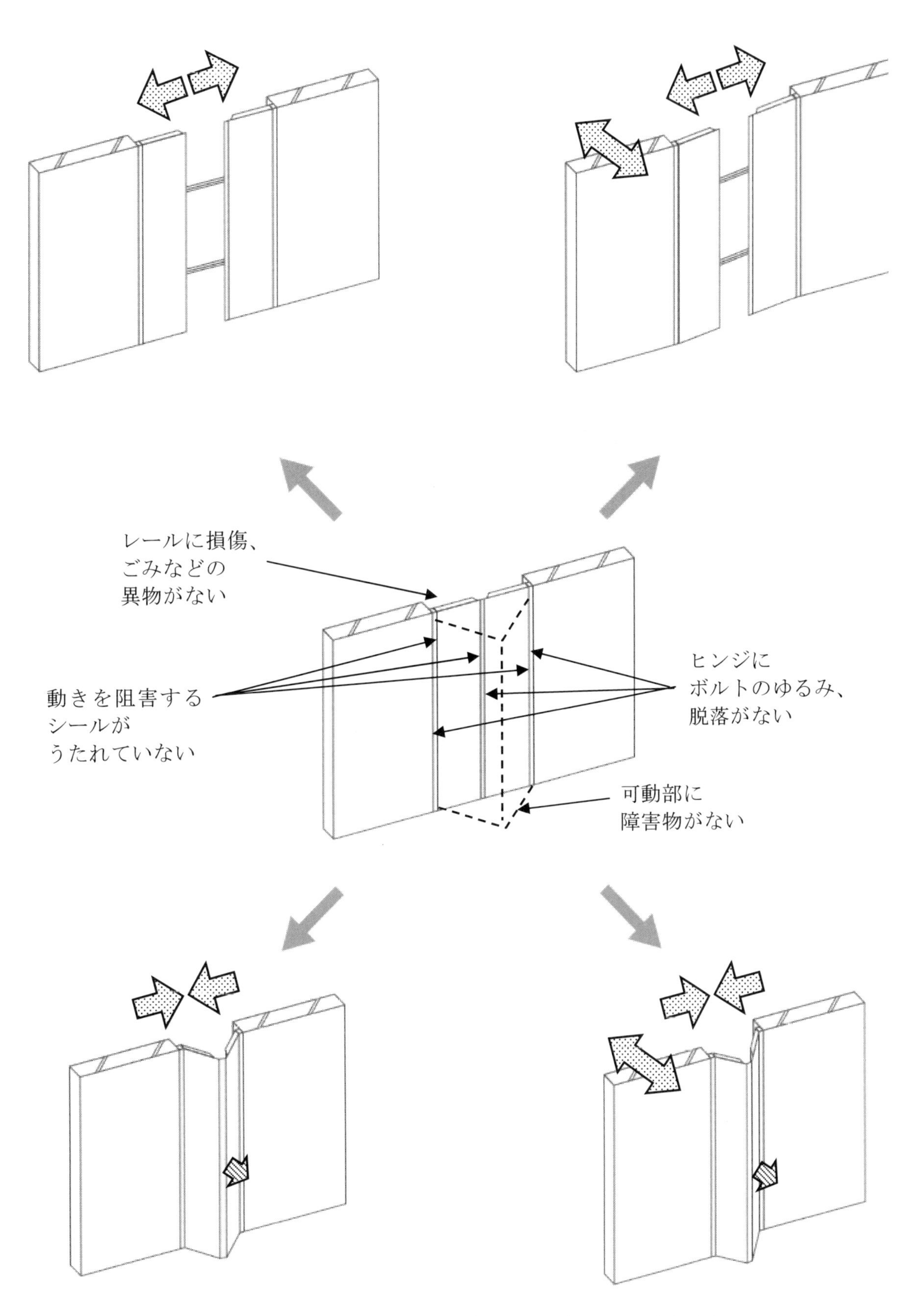

図 7.3.2(f)　X 方向：折れ曲り式　Y 方向：ヒンジ伸縮式

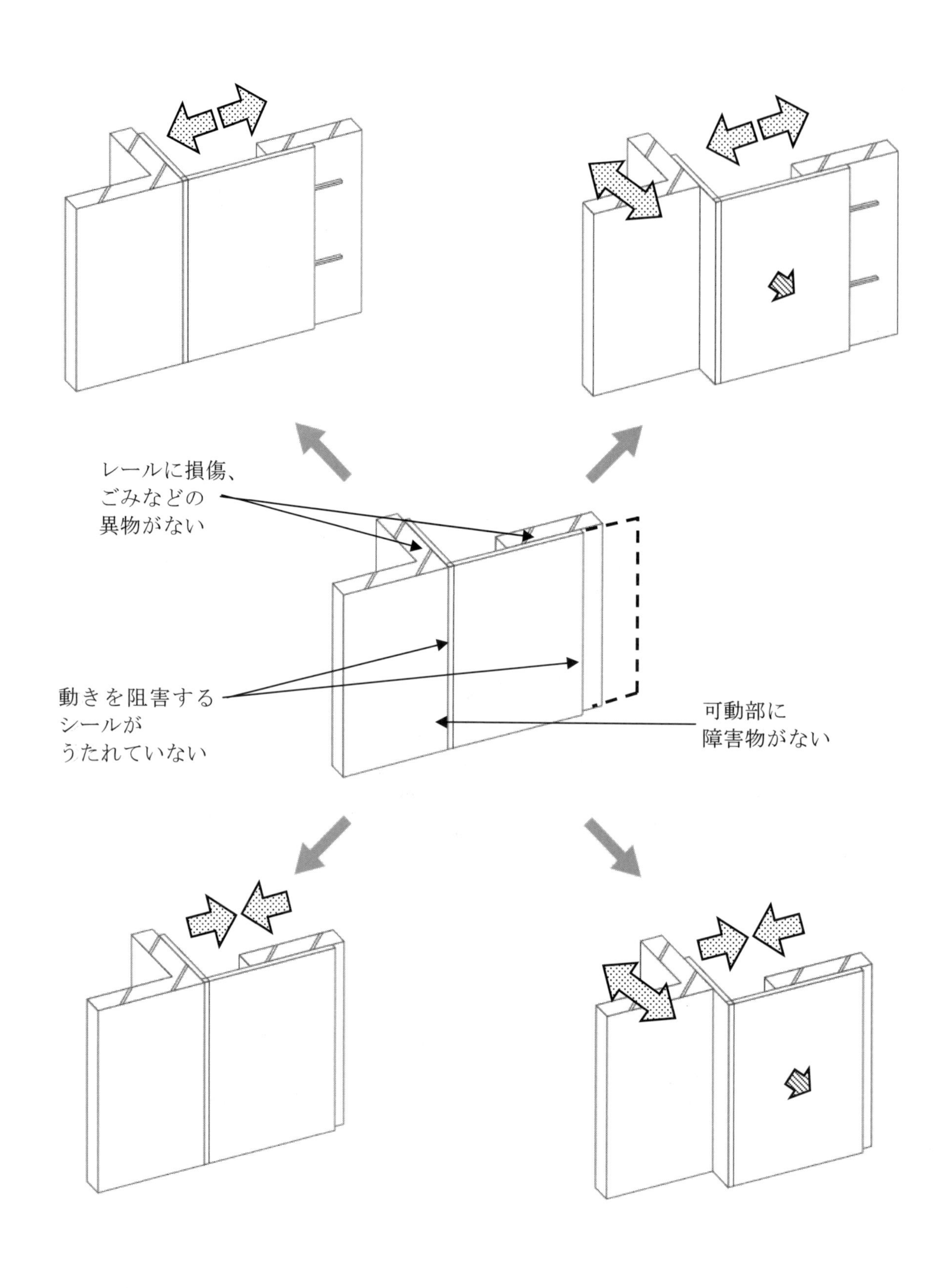

図 7.3.2 (g)　X 方向：レールスライド式　Y 方向：レールスライド式

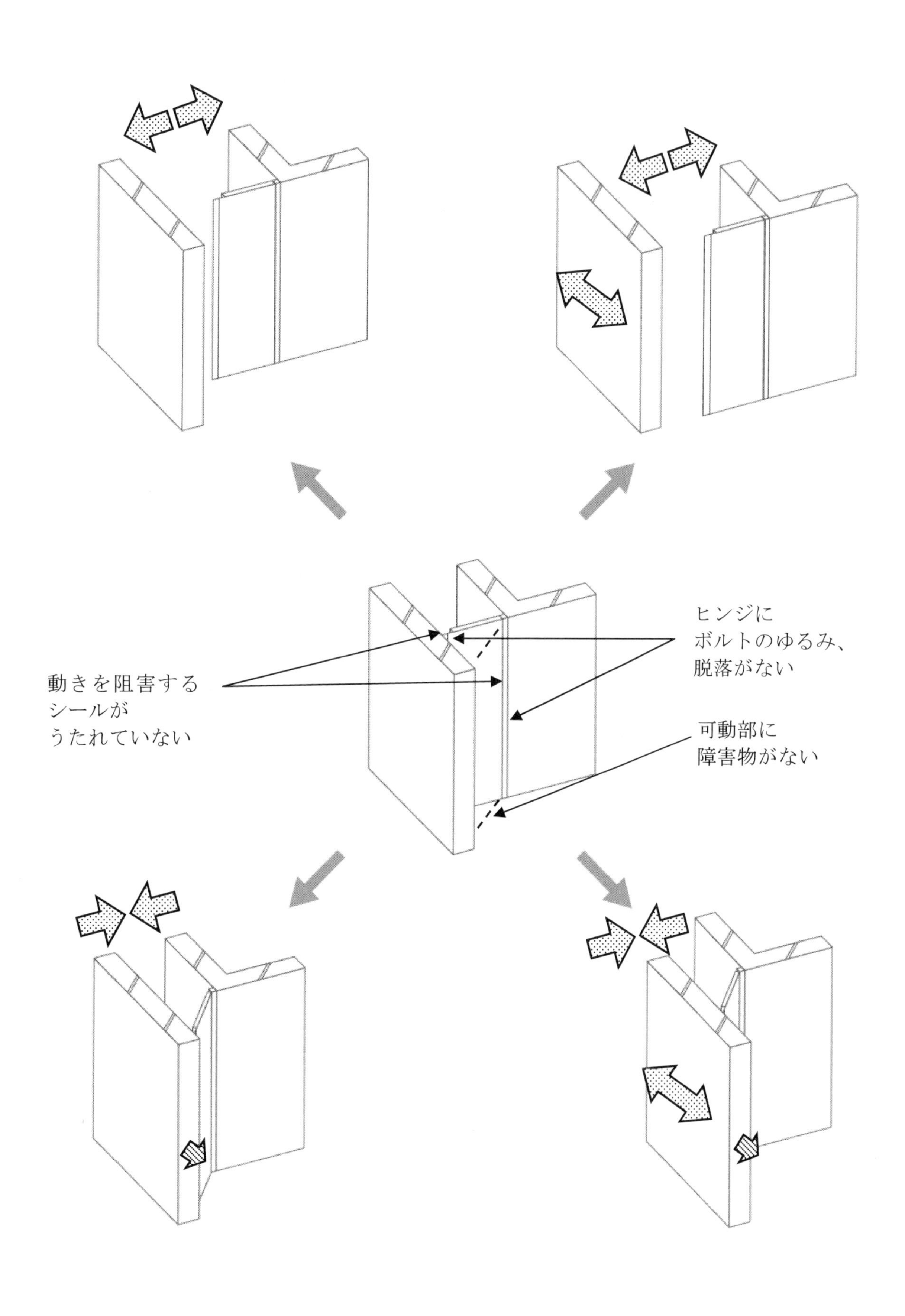

図 7.3.2 (h)　X 方向：ヒンジローラ式　Y 方向：ヒンジローラー式

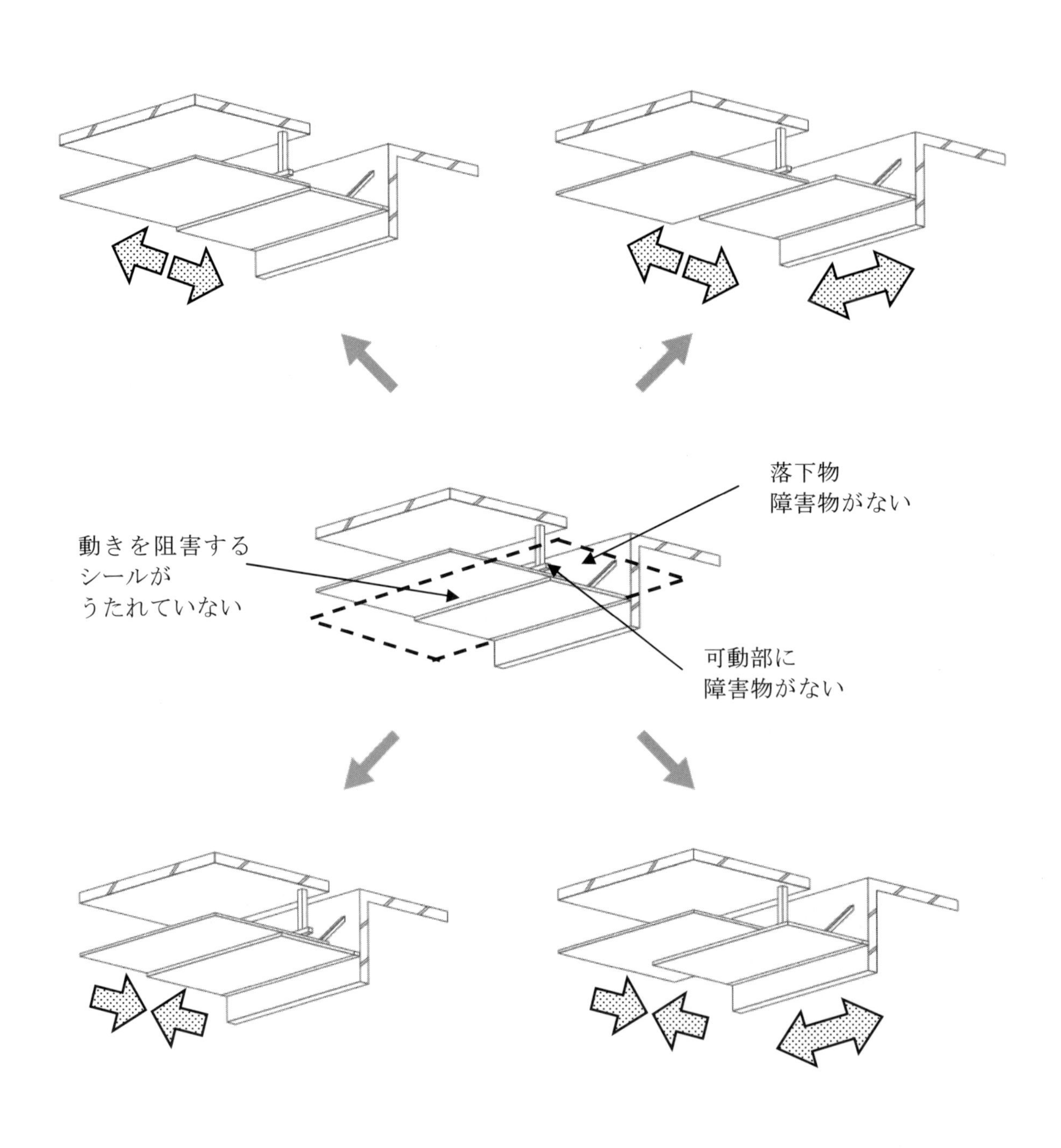

図 7.3.3 (a)　X 方向 : スライド式　 Y 方向 : スライド式

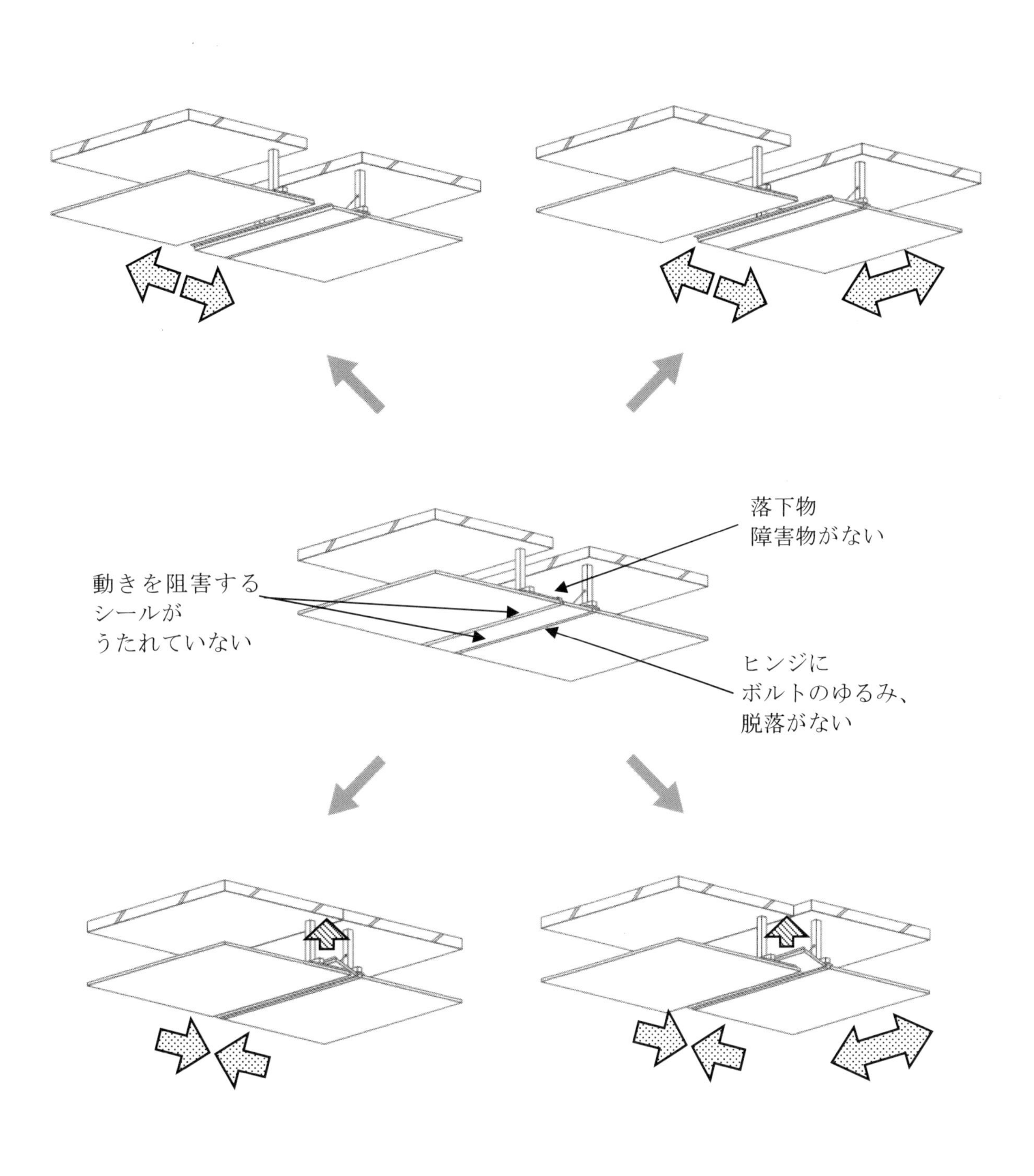

図 7.3.3 (b)　X 方向：片側せり上がり式　 Y 方向：スライド式

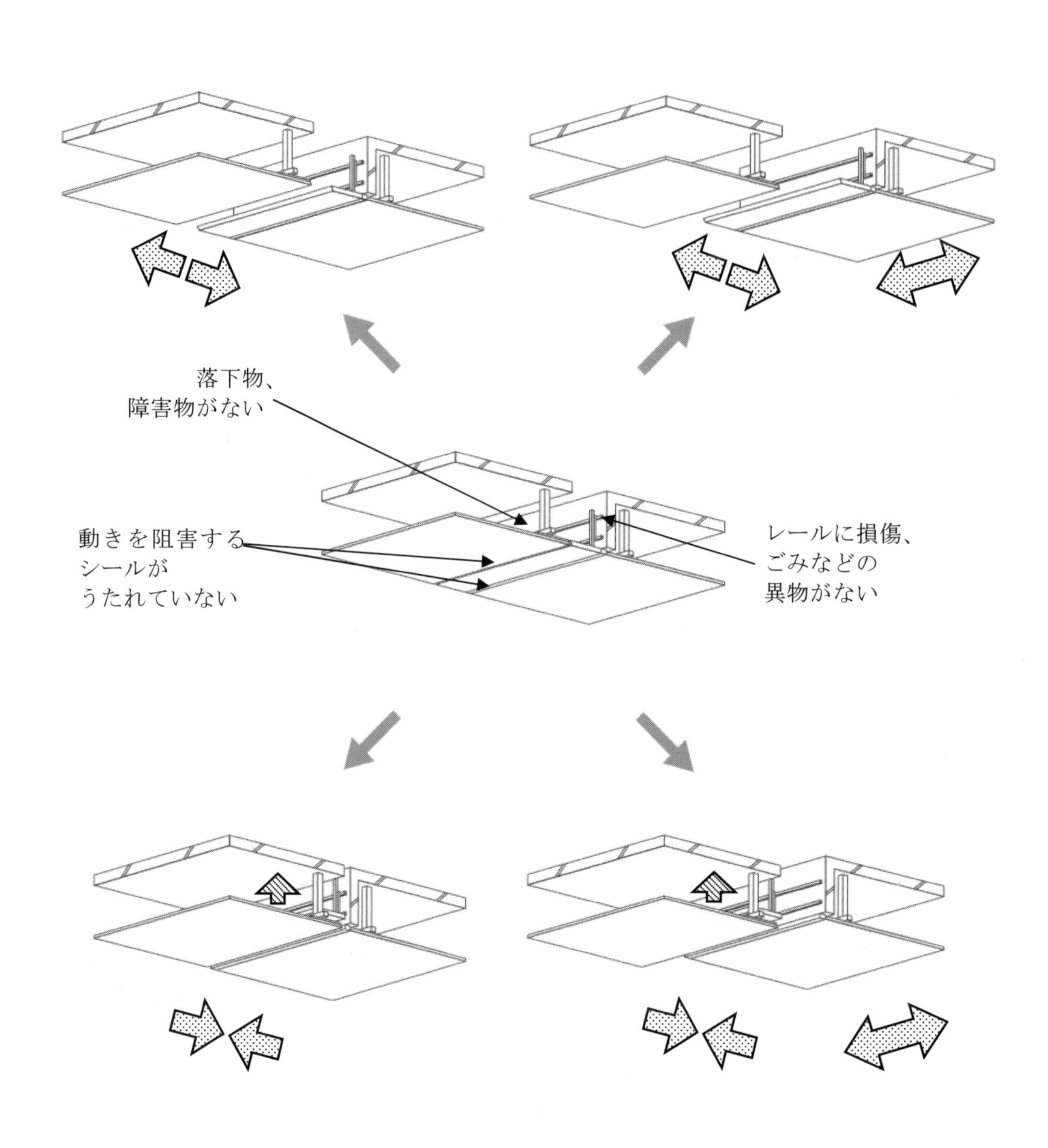

図 7.3.3 (c) X 方向：固定側せり上がり式　Y 方向：レールスライド式

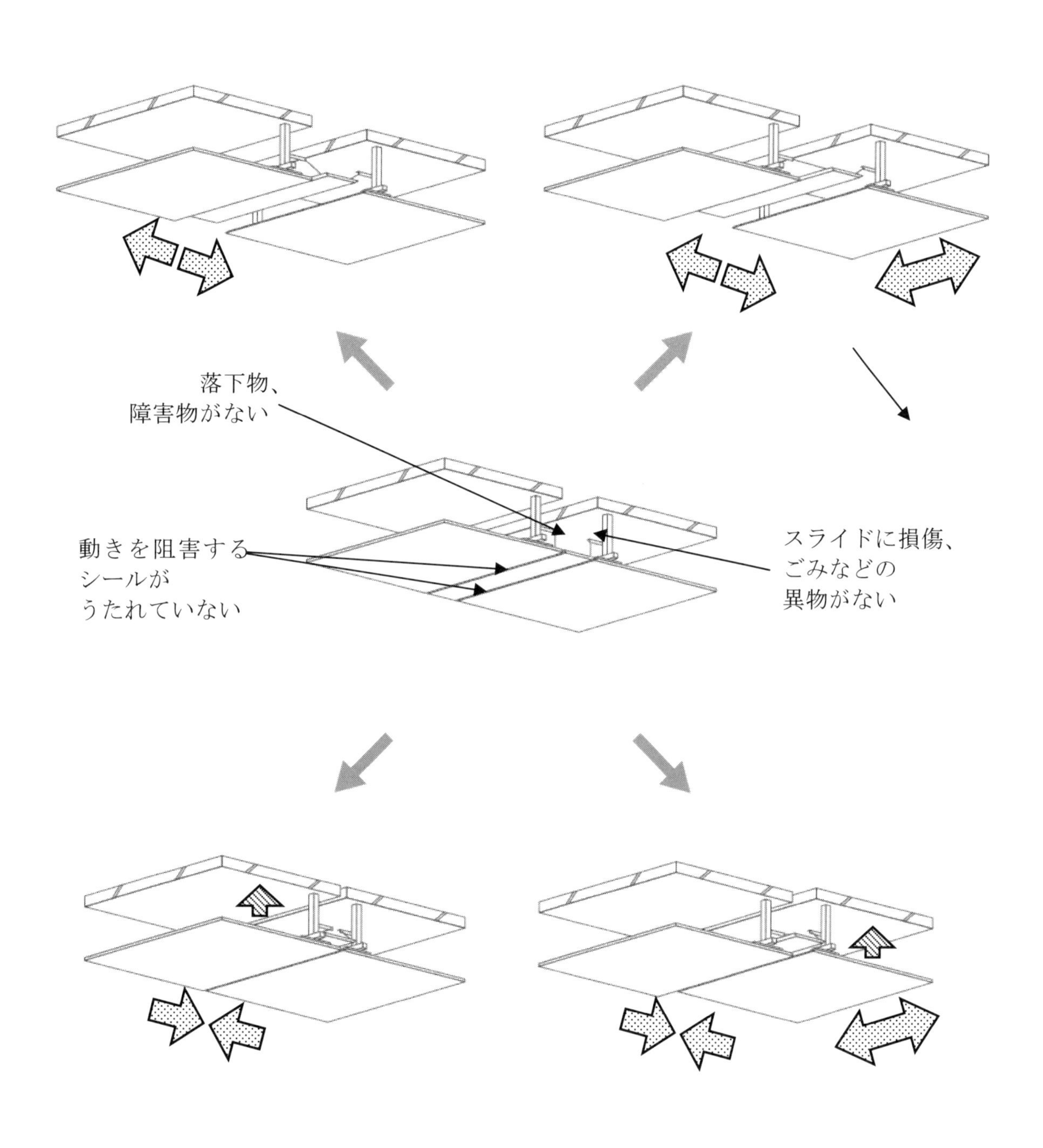

図 7.3.3 (d) X 方向：両側せり上がり式　 Y 方向：スライド式

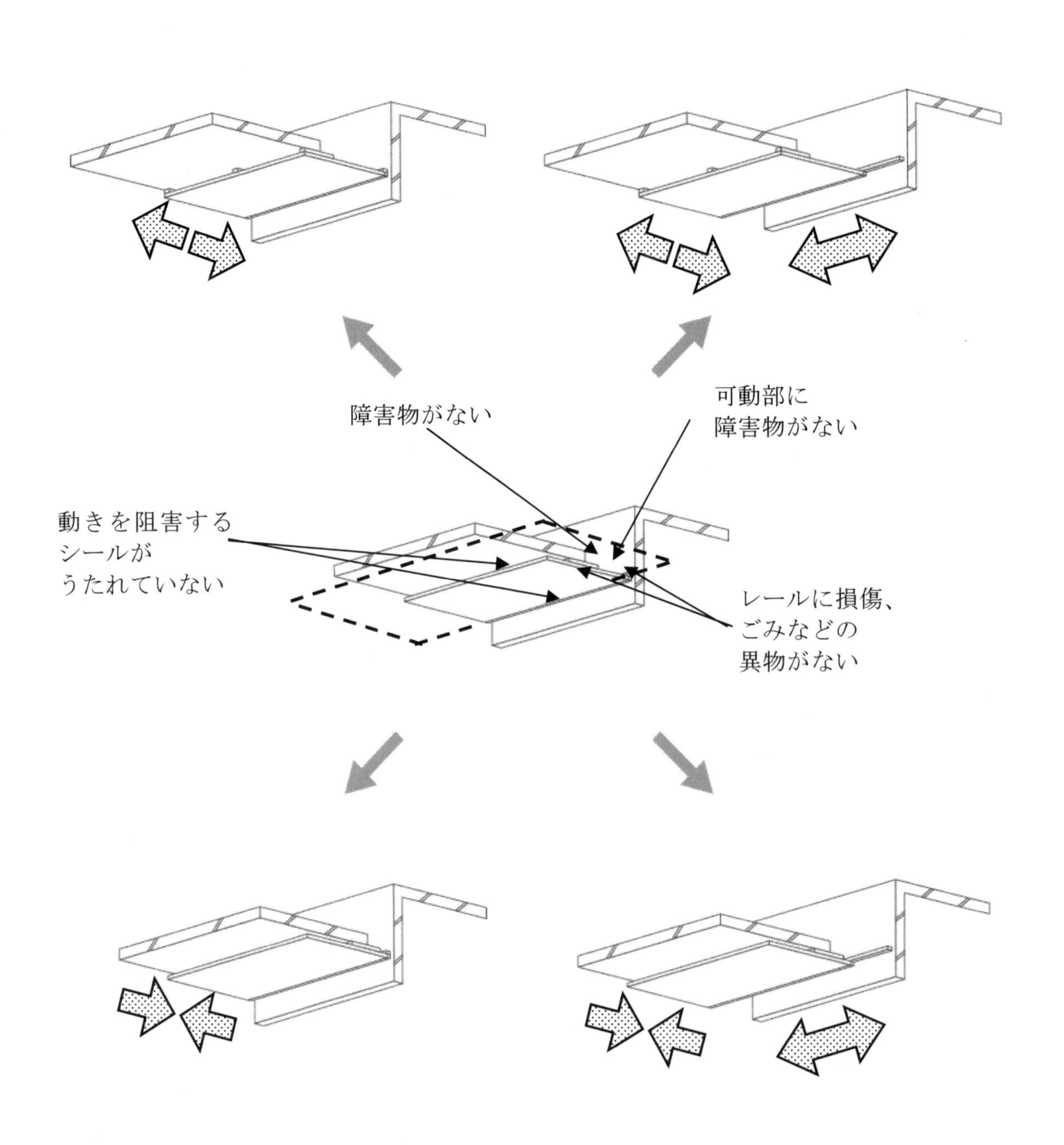

図 7.3.3 (e) X 方向：レールスライド式　 Y 方向：レールスライド式

付録

東北地方太平洋沖地震による
免震エキスパンションジョイントの損傷事例

「2011年応答建築物調査委員会免震建物設計部会報告書より抜粋」

日本免震構造協会では東北地方太平洋沖地震による免震建物の被害について、会員を対象にアンケート調査を行った。その結果、集まった327棟のうち90件で免震Exp.Jに破損があったと回答があり、全体の約28%の建物で免震cに何らかの損傷が生じていたことが判明した。これをふまえ、応答制御建築物調査委員会・免震構造設計部会ではWGを設け、より詳細な調査・分析を行い、2012年1月に「応答制御建築物調査委員会報告書」としてまとめた。ここに、その報告書に記載されている被害事例を抜粋して示す。（一部加筆修正）

地震被害事例は36棟の事例が集まった。事例を床・壁・天井に分類し整理した。床の被害事例を付表1.1～1.3に、壁の被害事例を付表2.1～2.2に天井の被害事例を付表3.1～3.2に示す。調査報告書では、この被害事例の要因・問題点を「製品の機構的問題」「設置状況の問題」「維持管理の問題」の3つに整理した。以下にその概略を示す。

■製品の機構的問題

a)レールの作動不良

レールが想定スムーズに動かなかったことによるレール自体の損傷、
下地材の損傷、ストッパーの損傷

- 水平方向以外の動きが発生したことによる作動不良
- 取付精度が悪かったことによる作動不良
- 想定以上の重量が作用したことによる作動不良
- ストッパーや取付部の強度不足による作動不良

b)動的な動きに対応できなかったことによる損傷

地震時には非常に早い衝撃的な動きがEXP.Jに生じる
地震動の衝撃的な動きに追従出来ずに損傷が生じたものが多い

- 壁パネルで根元のヒンジ部で回転する機構のものが回転できずにパネルが破損
- はね出し式の床・壁・天井の先端の角度が急で、スムーズにはね出さなかった
- レールがスムーズに動かなかった（すべり系のレール）

■設置状況の問題

a)動いたときに他の仕上げに接触

- 床EXP.Jの先端が床仕上げの石やタイルに接触して破損
- EXP.Jパネルと周辺部とのすき間が小さく、地震時に接触して破損

b)エキスパンションの可動部に障害物の設置

- EXP.Jの可動範囲に後施工で設備ダクト、手すりや柱を設置
- EXP.Jの隙間にシールをしてしまい動きを阻害

■維持管理上の問題

- 建物所有者が可動部に障害物を設置
- 建物所有者が隙間にシールをしてしまい動きを阻害
- ゴミが溜まったためにスムーズに動かなかった

付表 1.1　床の損傷事例(1)

事例 1	事例 2
損傷の状態 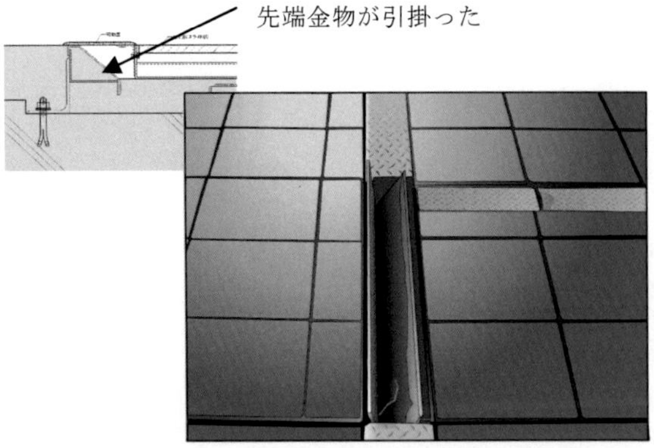 先端金物が引掛った ・先端金物が可動時に下がった時に、底部分に引掛かった。	損傷の状態  先端可倒板損傷 外部Expj ・先端金物が可動時に下がった時に、底部分に引掛かった。
損傷の原因と問題点 ・十分な可動試験がされていなかった。 ・先端の形状が不適切だった。	損傷の原因と問題点 ・十分な可動試験がされていなかった。 ・先端の形状が不適切だった。
再発防止策 ・動的な可動試験を行い、機能することを確認する。	再発防止策 ・動的な可動試験を行い、機能することを確認する。
事例 3	事例 4
損傷の状態  隙間が残った ・Y 方向ストッパーが変形し、残留変形及び隙間が生じた。	損傷の状態 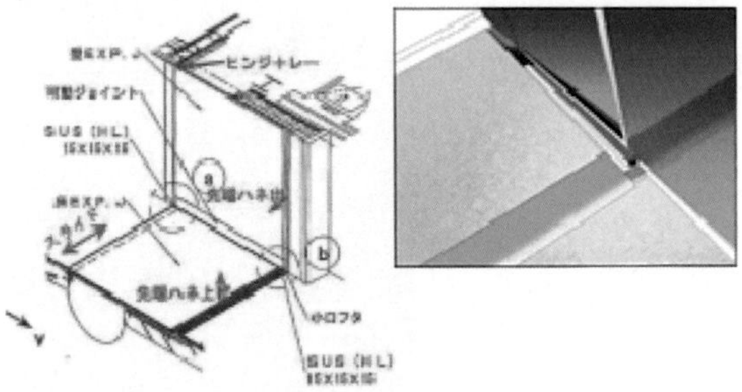 ・床パネルの隙間・残留変形が生じた。
損傷の原因と問題点 ・Y 方向ストッパーの強度不足及びレールがスムーズに動かなかった。	損傷の原因と問題点 ・Y 方向挙動時にストッパーとなる小ロフタが破損し、床パネルに隙間、残留変形が生じた。 ・レールがスムーズに動かなかった。
再発防止策 ・ストッパーを補強する。 ・レールの可動性を向上させる。 ・動的な可動試験を行い、機能することを確認する。	再発防止策 ・ストッパーとなる小ロフタを補強する。 ・レールの可動性を向上させる。 ・動的な可動試験を行い、機能することを確認する。 ・

付表 1.2　床の損傷事例(2)

事例 5	事例 6
損傷の状態 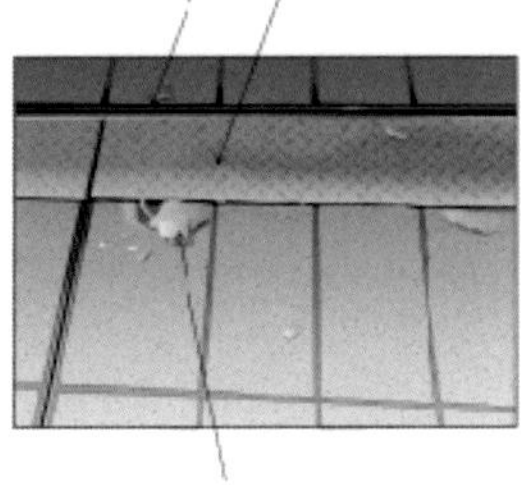 ・エキスパンション本体パネルのタイルが破損した。	損傷の状態 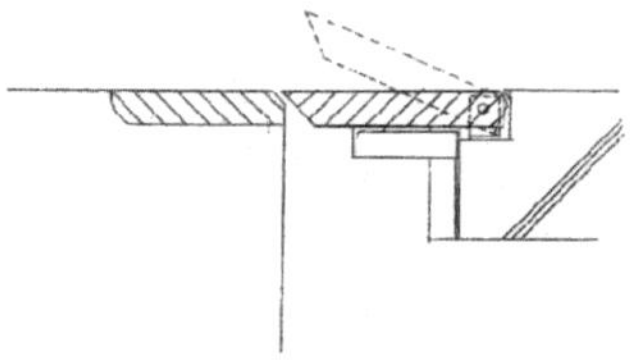  ・地盤側の仕上げ材が剥離した。
損傷の原因と問題点 ・エキスパンションの先端が地盤側の見切り金物に接触し、その反動で少し先端金物が変形し、本体パネルのタイルを破損させた	損傷の原因と問題点 ・エキスパンションハネ上がり部の角度（約 45°）が急すぎて想定どおりにはね上がらず、地球側の仕上げ材に衝突する形になった。
再発防止策 ・外部レベルを少し下げた設計とする。 ・施工管理の徹底	再発防止策 ・エキスパンションのハネ上がりの角度をもっと緩くする。(30 度程度に) ・動的な可動試験を行い、機能することを確認する。 ・
事例 7	事例 8
損傷の状態 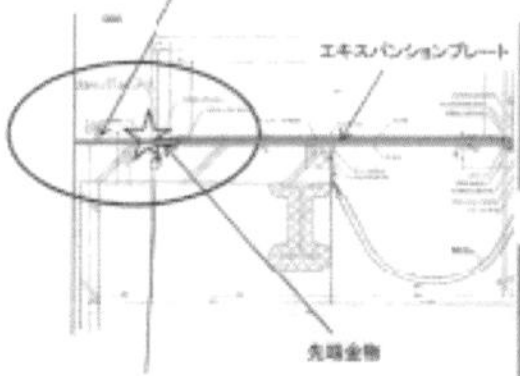 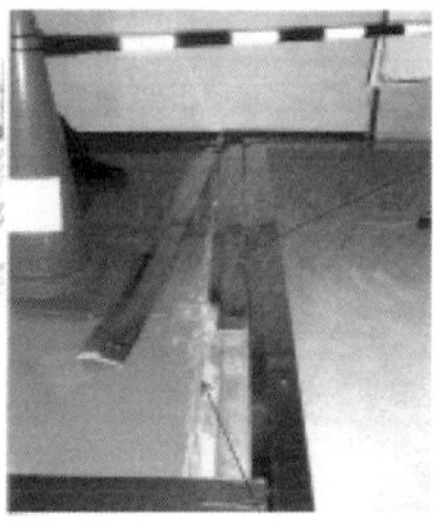 ・スライド式エキスパンションの先端金物と塗り床のレベルが同一になってしまい、スライド時に塗り床が削られた。	損傷の状態 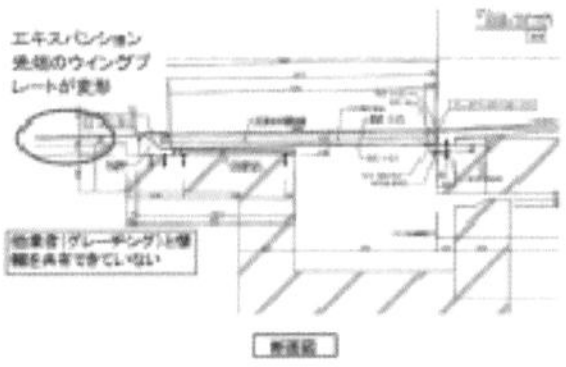 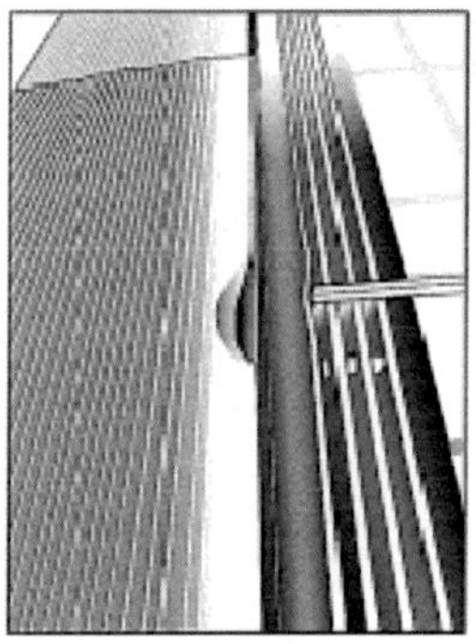 ・先端に装備しているウイング型安全装置が変形していた。
損傷の原因と問題点 ・施工段階でのエキスパンション機構の認識不足。	損傷の原因と問題点 ・地盤側の仕上げ（グレーチング）と接触した。 ・後施工業者との連携がとれていないため、レベル差が生じたと考えられる
再発防止策 ・設計図にエキスパンションの機構を明示し、施工図にて十分な確認を行う。 ・施工者へのエキスパンション機構の周知徹底する。 ・施工管理を徹底させる。	再発防止策 ・他業者との情報交換を徹底する。 （共通の施工図に注意事項を明記するなど） ・

付表 1.3　床の損傷事例(3)

事例 9	事例 10
損傷の状態  ・EXP. J の先端が跳ね上がる時に躯体と接触し、先端金物や躯体側タイルが損傷した。	損傷の状態  ・可動範囲に間柱があり本体パネルが衝突し破損した。
損傷の原因と問題点 ・設計では EXP. J 先端が跳ね上がったときに躯体の下に潜り込むクリアランスが考慮されていたが、施工段階で躯体側レベルが低く作られた。	損傷の原因と問題点 ・間柱が可動範囲にあと施工された。
再発防止策 ・設計図にエキスパンションの機構を明示し、施工図にて十分な確認を行う。 ・施工者へのエキスパンション機構の周知徹底する。 ・施工管理を徹底させる。	再発防止策 ・可動領域に障害物を設置しないことを施主に周知徹底する。

事例 11	事例 12
損傷の状態  ・外構床エキスパンションの先端に装備しているウイング型安全装置が変形していた。 ・周囲にあった手摺りに衝突した痕跡があった。	損傷の状態  ・床エキスパンション本体を固定するための固定ピンが破断した。
損傷の原因と問題点 ・エキスパンションの可動範囲に手摺りが設置されていることが原因。 ・可動範囲は施工図に図示してあったが、竣工後に手摺を設置した業者がエキスパンションを認識していなかった。	損傷の原因と問題点 ・竣工後に施主により床パネルの隙間にシールが打たれていたため、動きが阻害されピンが破断した。
再発防止策 ・可動領域に障害物を設置しないことを施主に周知徹底する。	再発防止策 ・エキスパンションの隙間に動きを阻害するシールを打たないよう、施主に周知徹底する。

付表 2.1　壁の損傷事例(1)

事例 13	事例 14
損傷の状態 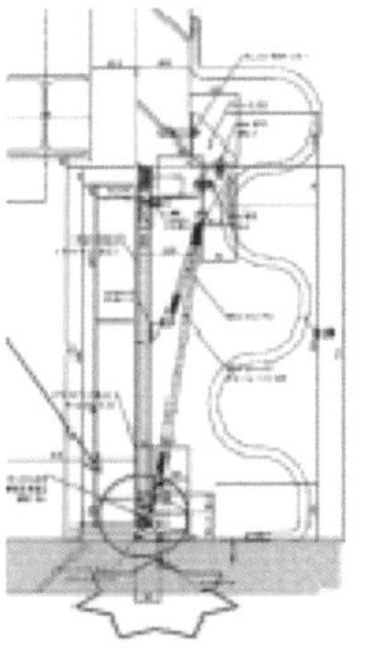  ・下地の ALC 版が破損した。 ・壁 EXP. J パネル自体も破損した。	損傷の状態 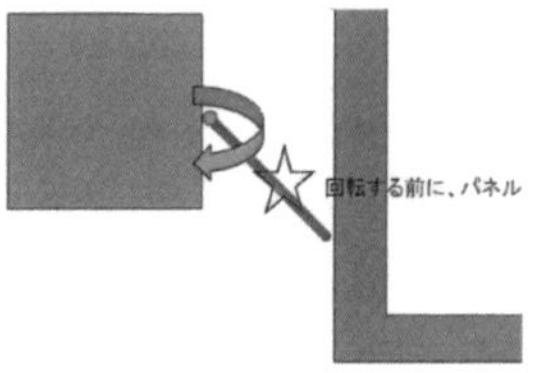  ・壁本体パネルが損傷した。
損傷の原因と問題点 ・壁 EXP. J パネルは直交壁に沿って移動するように壁の先端にローラーがあり、取付け部のヒンジが回転する機構であったが、衝撃的な変形に対してヒンジ部が回転せずにパネルや下地が損傷した。	損傷の原因と問題点 ・壁 EXP. J パネルは直交壁に沿って移動するように壁の先端にローラーがあり、取付け部のヒンジが回転する機構であったが、衝撃的な変形に対してヒンジ部が回転せずにパネルや下地が損傷した。
再発防止策 ・先端ローラー部ディティールの見直し。 ・衝撃的な変形に対する追従性を振動台実験により確認する。	再発防止策 ・先端ローラー部ディティールの見直し。 ・衝撃的な変形に対する追従性を振動台実験により確認する。

事例 15	事例 16
損傷の状態  ・壁本体パネルが損傷した。 ・下地の ALC 版が破損した。	損傷の状態   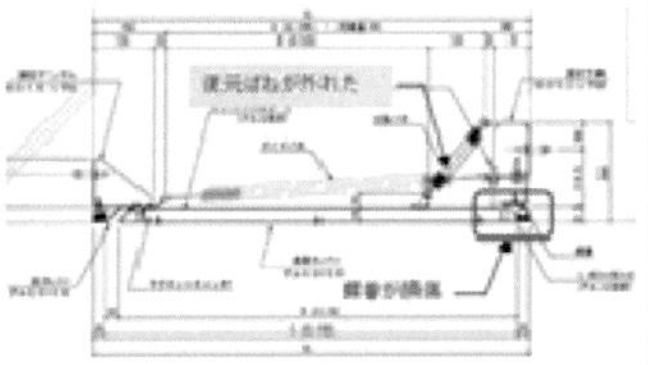 ・壁本体パネルが内側に入り込んだままになり、蝶番も損傷。
損傷の原因と問題点 ・ALC 版や乾式壁のスタッドにレールをボルト固定していたため、下地材が強度が不足していた。 ・レールがスムーズに機能せずに下地材を破損したのか、下地材が破損したことによりレールがスムーズに可動しなかったのかは不明。	損傷の原因と問題点 ・復元バネがはずれ、壁の原位置復帰性能を失った。
再発防止策 ・下地材の設計方法の確立による剛性・強度の確認。	再発防止策 ・復元バネ取り付け部をかしめるなどして、容易に脱落しなようにする。・

付表 2.2　壁の損傷事例(2)

事例 17	事例 18
損傷の状態  ・耐震側の壁仕上げボードが破損した。	損傷の状態 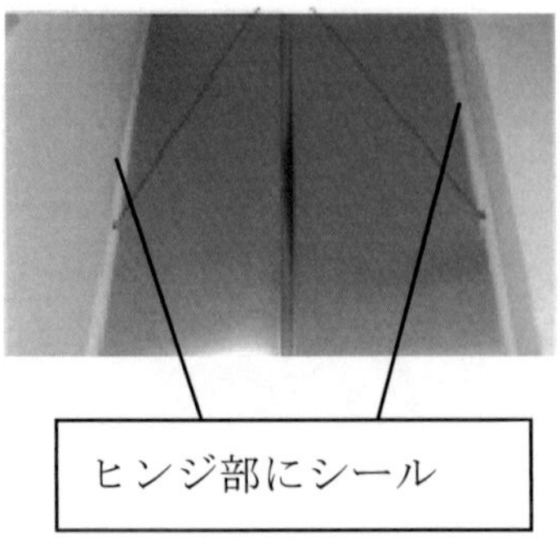 ヒンジ部にシール ・壁 EXP.J 金物パネル同士の接触による金物の変形
損傷の原因と問題点 ・壁 EXP.J パネルが耐震側の壁に沿ってスライドする機構であったが、壁 EXP.J パネルと耐震側の壁の隙間がほとんど無かったために、耐震側の壁のボードを引っかけて剥がしてしまった。	損傷の原因と問題点 ・壁 EXP.J 可動時に、接触部の衝突による衝撃で金物自体が損傷した。 ・シールをパネル表面までうってしまったのでﾋﾝｼﾞ部が作動しなかった。
再発防止策 ・免震側と耐震側取合い部のディティールの見直し。	再発防止策 ・シールをパネル表面まで施工しないように図面で示す。
事例 19	事例 20
損傷の状態 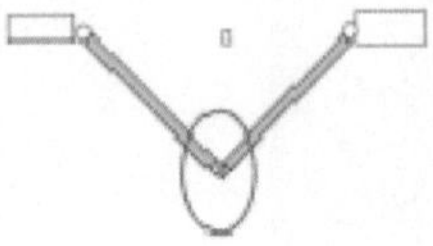  ・壁本体パネルの上部が接触して曲がった。	損傷の状態  ・壁 EXP.J パネルのスライドレールが引っ掛かりレール取り付け部が損傷し残留変形を生じた。
損傷の原因と問題点 ・建物の層間変形により、左右のパネルに回転角が生じたため、階の上部でパネルが衝突したと推察される。 ・免震建物と耐震建物間に設けられている壁のため、耐震側からの大きな加速度によりパネル自体が変形・衝突して破損した可能性もある。	損傷の原因と問題点 ・建物の層間変形により、左右のパネルに回転角が生じたため、水平方向のレールがスムーズに動かなかった。
再発防止策 ・層間変形による傾きを考慮した機構の見直し。 ・衝撃的な変形に対しては振動台実験等による確認。	再発防止策 ・層間変形による傾きを考慮した機構の見直し。 ・衝撃的な変形に対しては振動台実験等による確認。

付表 3.1　天井の損傷事例(1)

事例 21	事例 22
損傷の状態  上下に動くスライドレールがうまく機能せず、天井の下地が曲がった。 ・天井下地が変形し、残留変形が残った。	損傷の状態 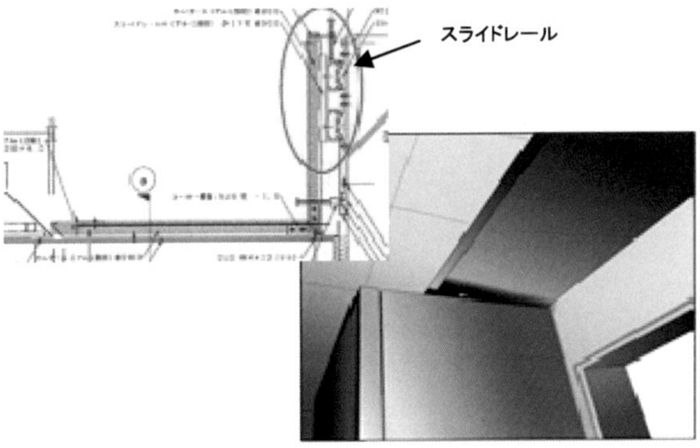 スライドレール ・天井下地が変形し、残留変形が残った。
損傷の原因と問題点 ・レールがスムーズに機能せず、レール下地に大きな力がかかり曲がった	損傷の原因と問題点 ・レールがスムーズに機能せず、レール下地に大きな力がかかり曲がった
再発防止策 ・レールの可動性を向上させる。 ・動的な可動試験を行い、機能することを確認する。	再発防止策 ・レールの可動性を向上させる。 ・動的な可動試験を行い、機能することを確認する。

事例 23	事例 24
損傷の状態 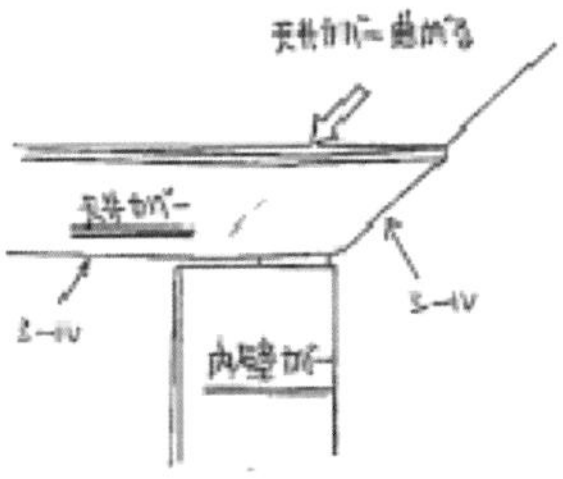 ・エキスパンション周辺にシールが施工されており、天井カバー（パネル）が変形した。	損傷の状態 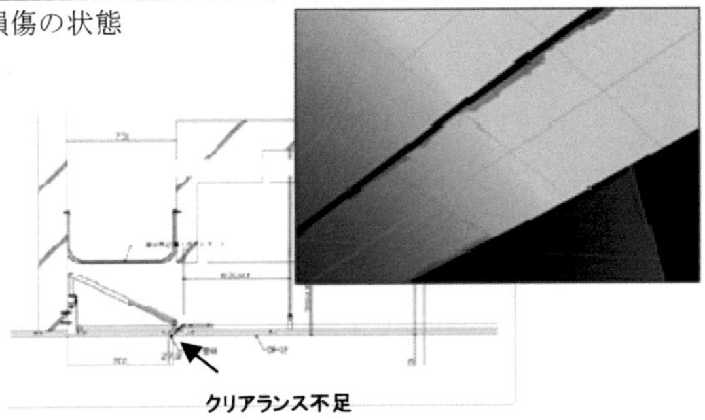 クリアランス不足 ・耐震側の天井パネルに接触して仕上げが損傷した。
損傷の原因と問題点 ・エキスパンション周辺にシールが施工されたため、天井がスライドできなかった。	損傷の原因と問題点 ・クリアランスが無かった為、接触して破損した。
再発防止策 ・パネルの隙間にシールしないよう施工者へ十分に伝達するとともに、工事監理を十分に行う。	再発防止策 ・エキスパンション部と耐震側には 20mm 程度の隙間を設け、可動に支障ないようにする。

付表 3.2　天井の損傷事例(2)

事例 25	事例 26
損傷の状態  ・耐震側の壁金物が天井パネルと衝突して破損した。	損傷の状態 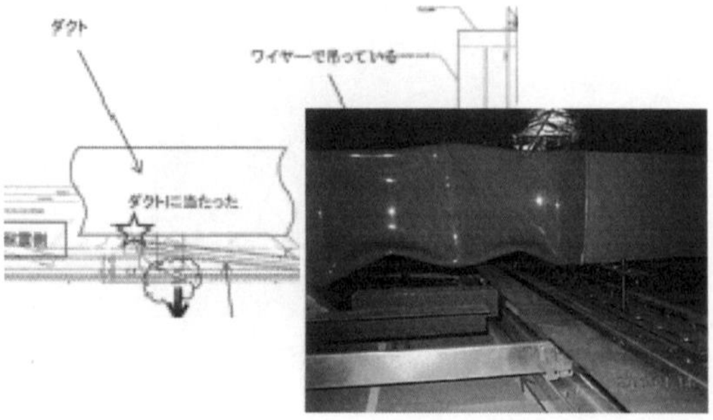 ・天井内設備ダクトと干渉し、ダクトが変形した。
損傷の原因と問題点 ・壁金物が可動範囲に設けられていた。	損傷の原因と問題点 ・後工事業者のエキスパンションに対する認識不足、周知連絡不足。
再発防止策 ・可動部には免震パネルの障害となるものを設置しない。 ・スライド面は必ずフラットに仕上げる。	再発防止策 ・他業者との情報交換を徹底する。（共通の施工図に注意事項を明記するなど） ・エキスパンションの可動範囲を明示する。

免震エキスパンションガイドライン作成WG委員

（五十音順・敬称略）

主査	北村　佳久	（清水建設株式会社）
委員	石橋　洋二	（株式会社三菱地所設計）
	大野　茂	（株式会社大林組）
	可児　長英	（一般社団法人日本免震構造協会）
	高坂　隆一	（株式会社梓設計）
	後藤　康成	（株式会社パラキャップ社）
	小林　幹生	（鹿島建設株式会社）
	齊木　健司	（株式会社免制震ディバイス）
	関　　光雄	（株式会社竹中工務店）
	西川　耕二	（株式会社日本設計）
	羽田　尚広	（鹿島建設株式会社）
	早川　文雄	（株式会社日建設計）
	平尾　明星	（大成建設株式会社）
	持木　祐一	（株式会社ナルコ岩井）
	森高　英夫	（株式会社安井建築設計事務所）
	諸星　雅彦	（清水建設株式会社）
	山口　秋子	（株式会社織本構造設計）
	渡辺　航平	（株式会社エービーシー商会）

免震エキスパンションジョイントガイドライン

一般社団法人日本免震構造協会編
発行年月　2013年4月初版1刷
2013年6月初版2刷
2014年7月初版3刷
2016年7月初版4刷
2019年7月初版5刷
2024年5月初版6刷

印刷（株）大應
101-0047 東京都千代田区内神田 1-7-5